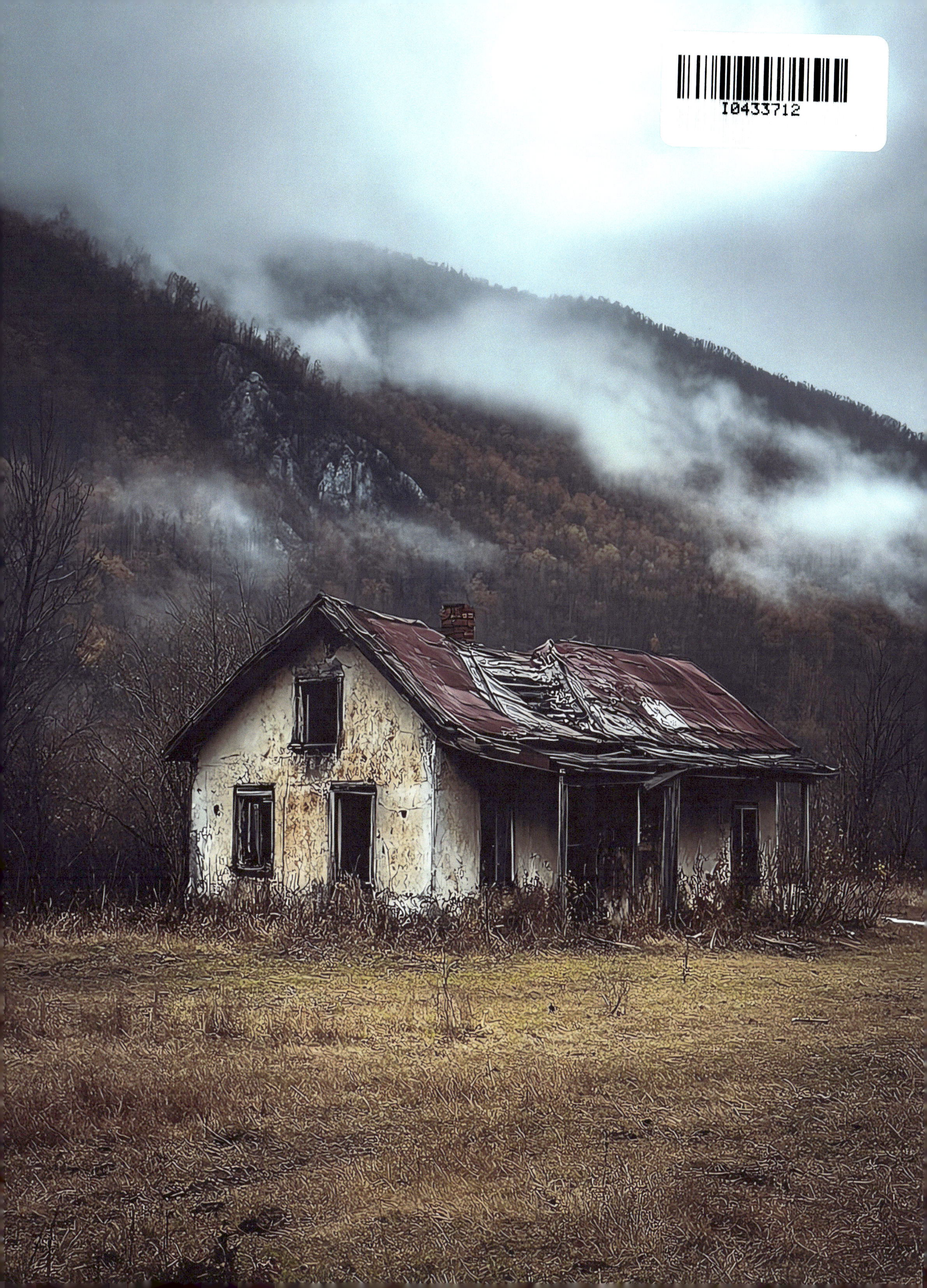

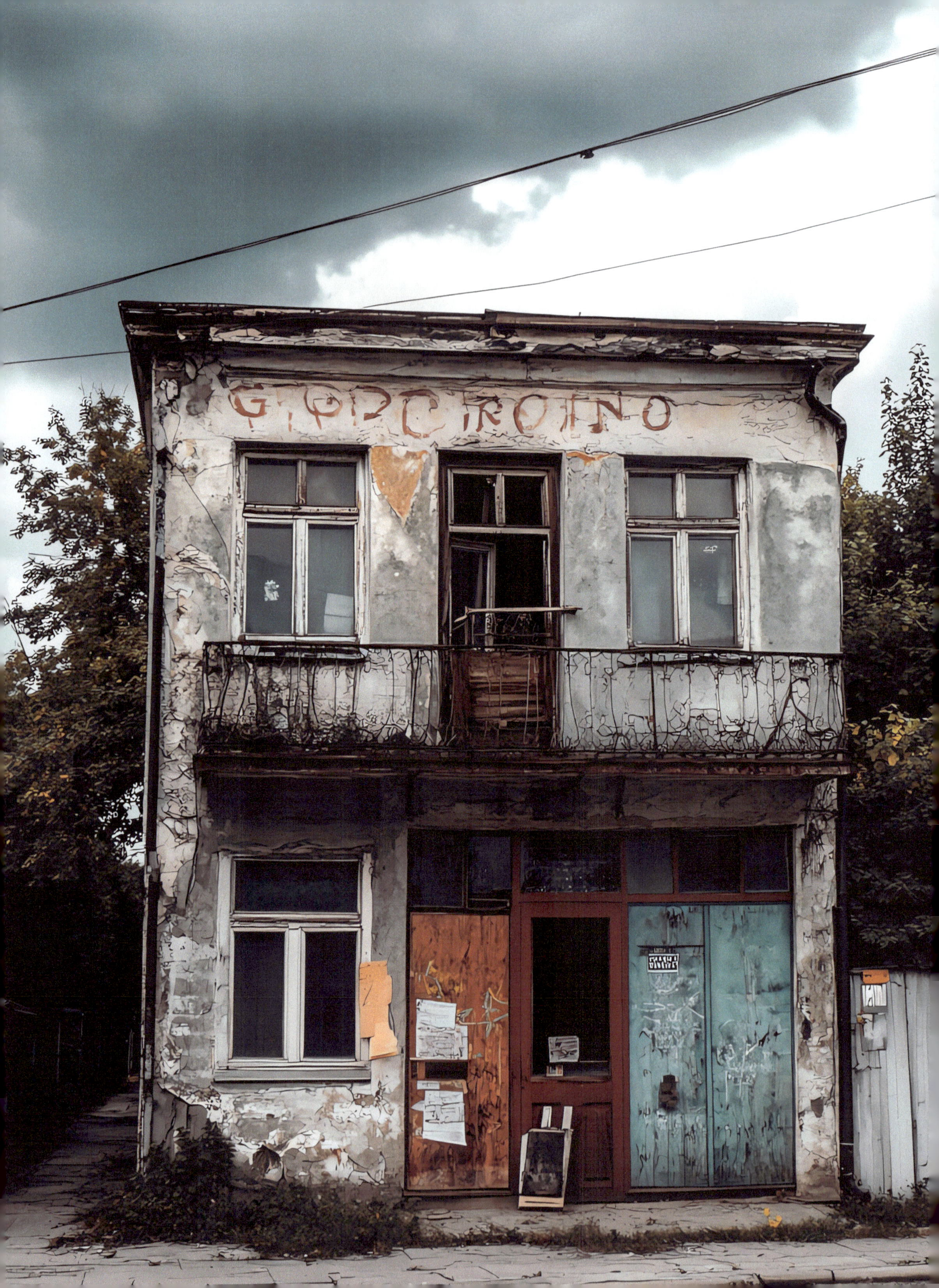

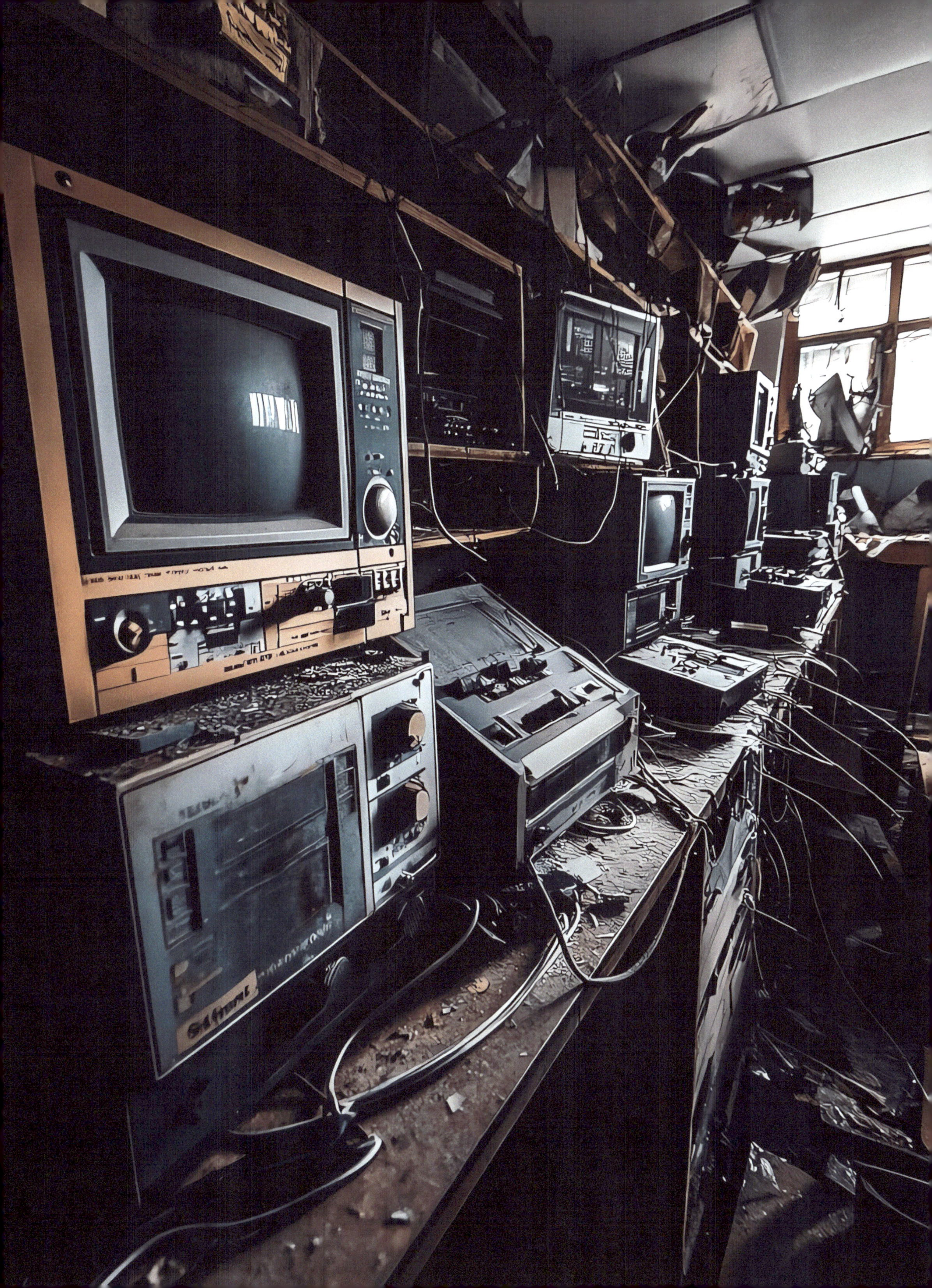

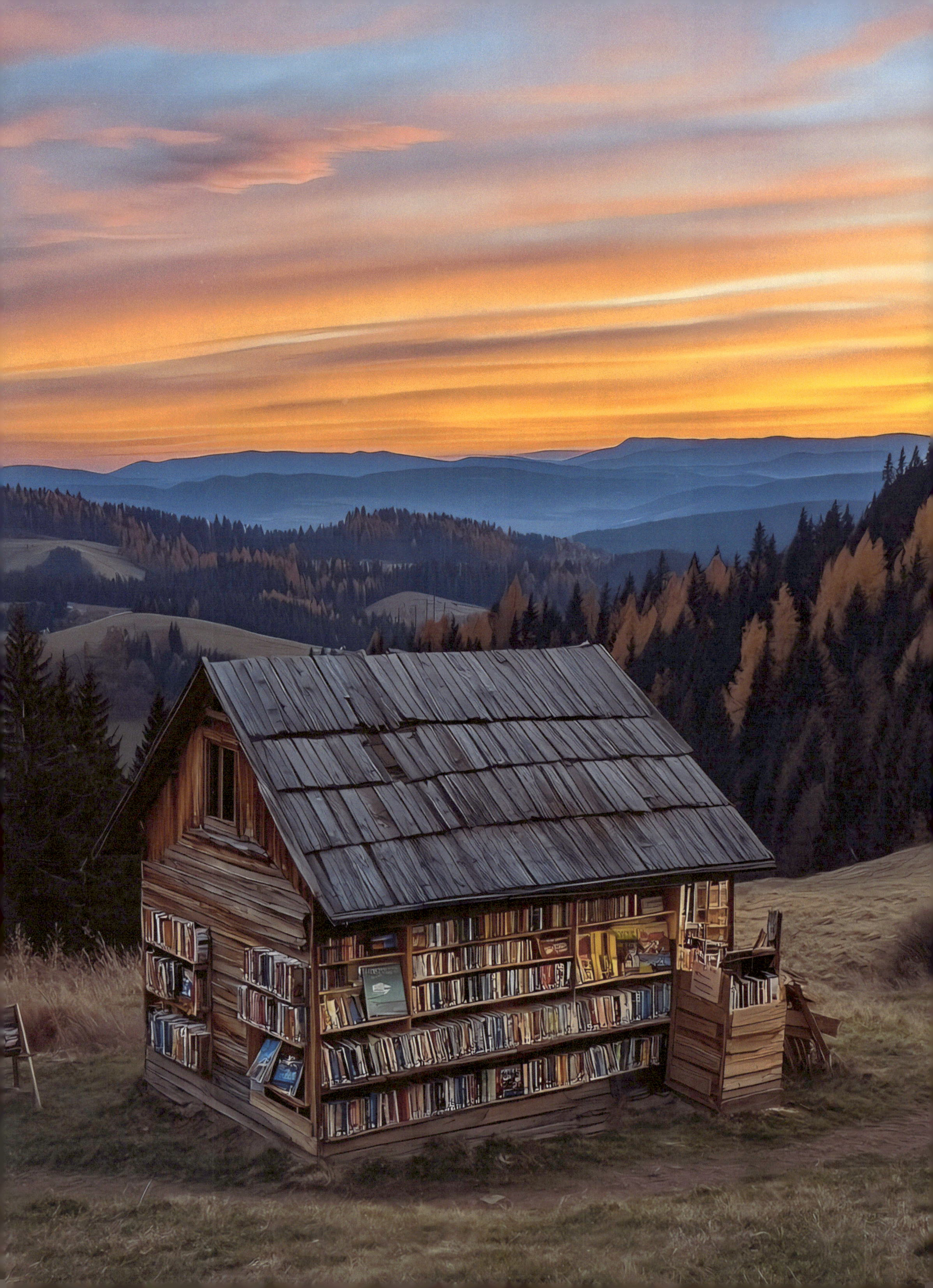

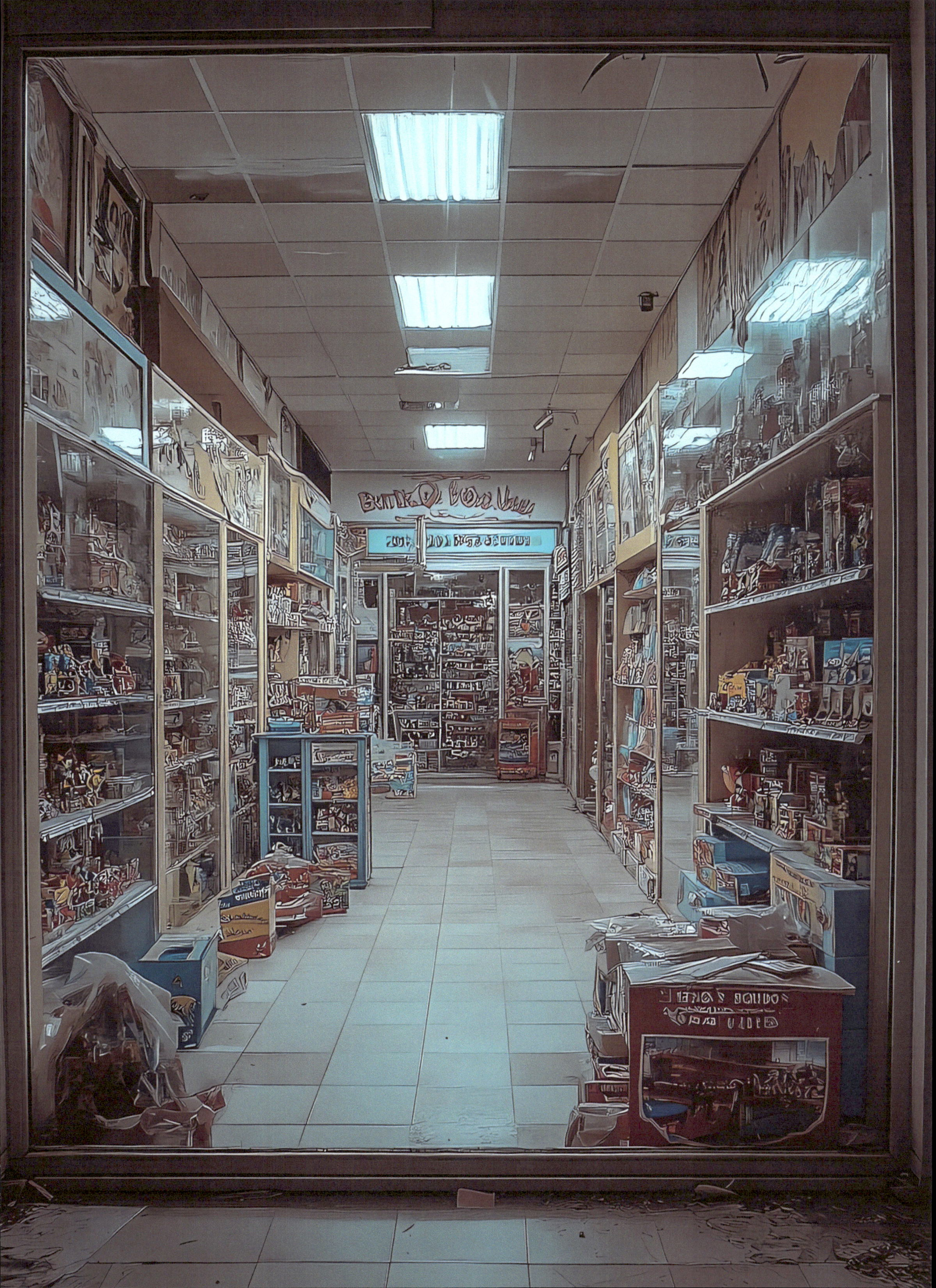

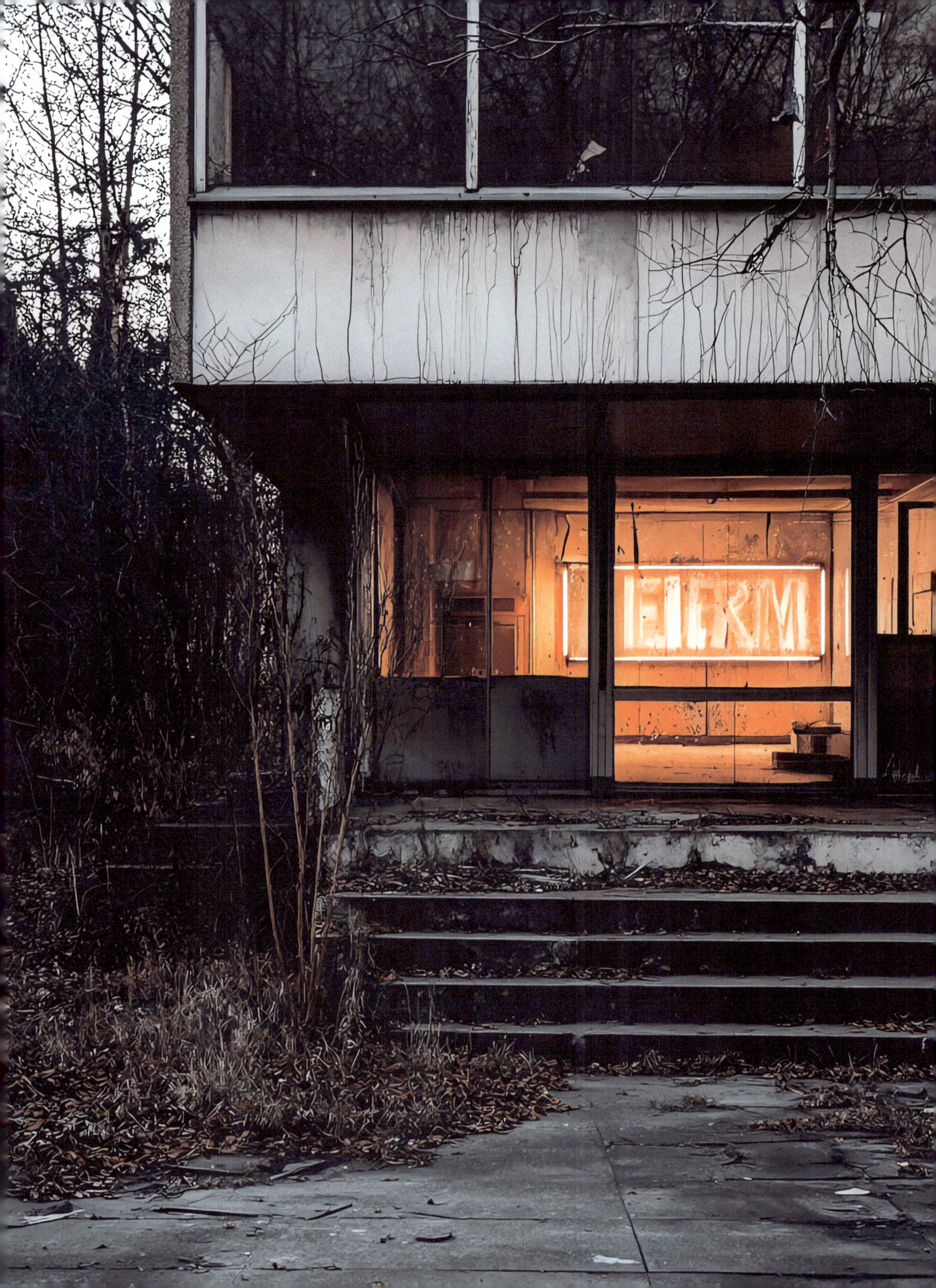

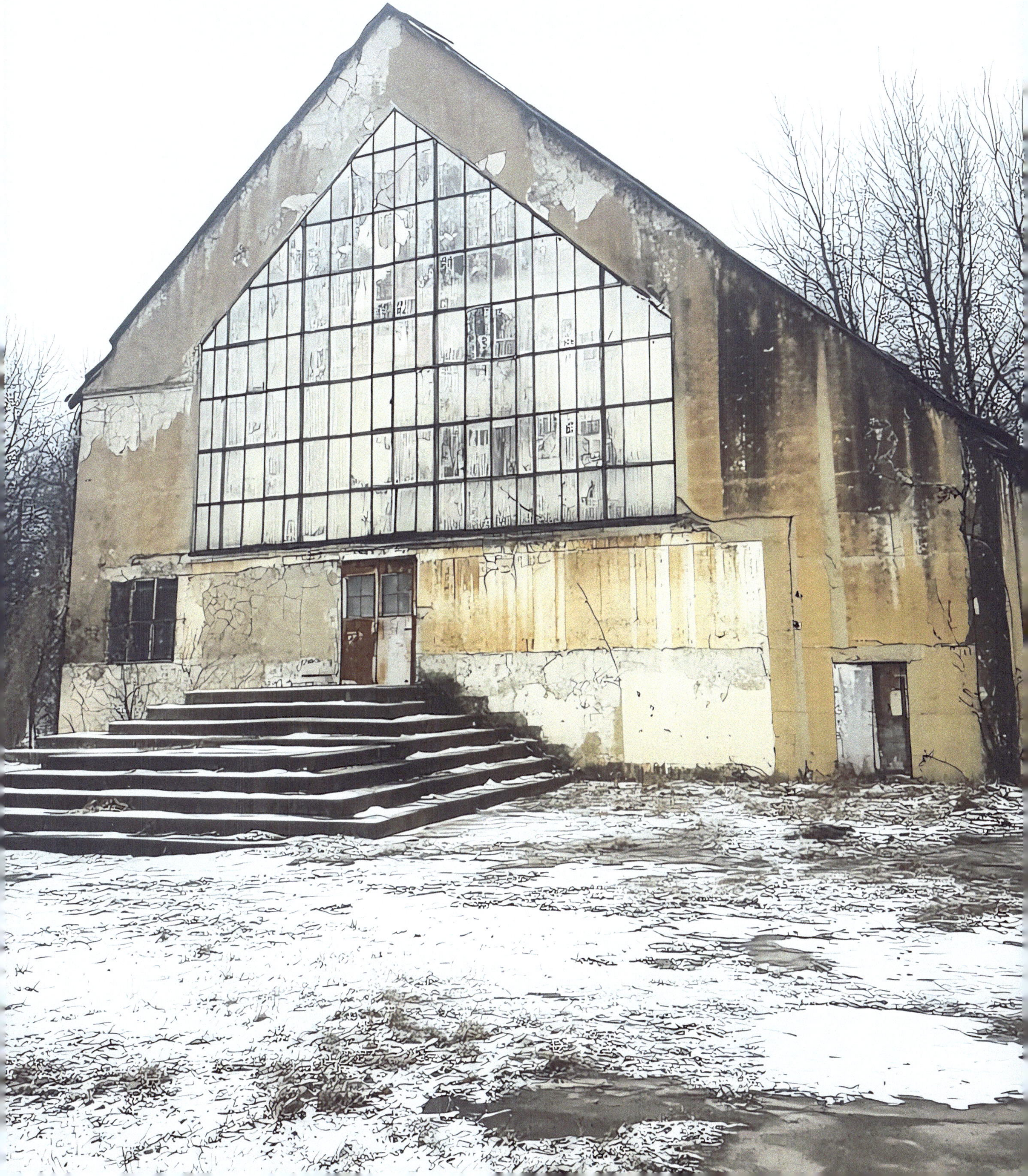

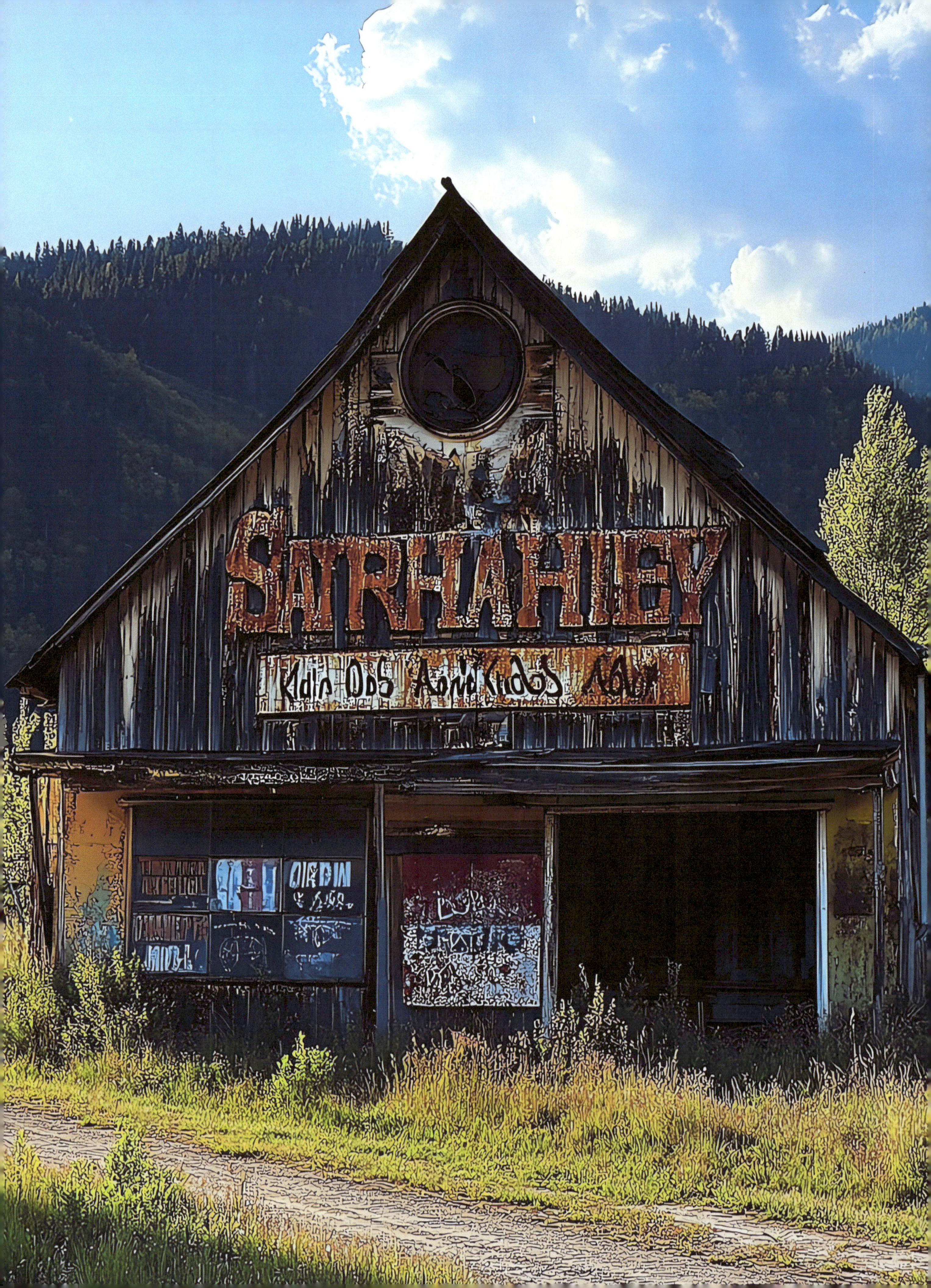

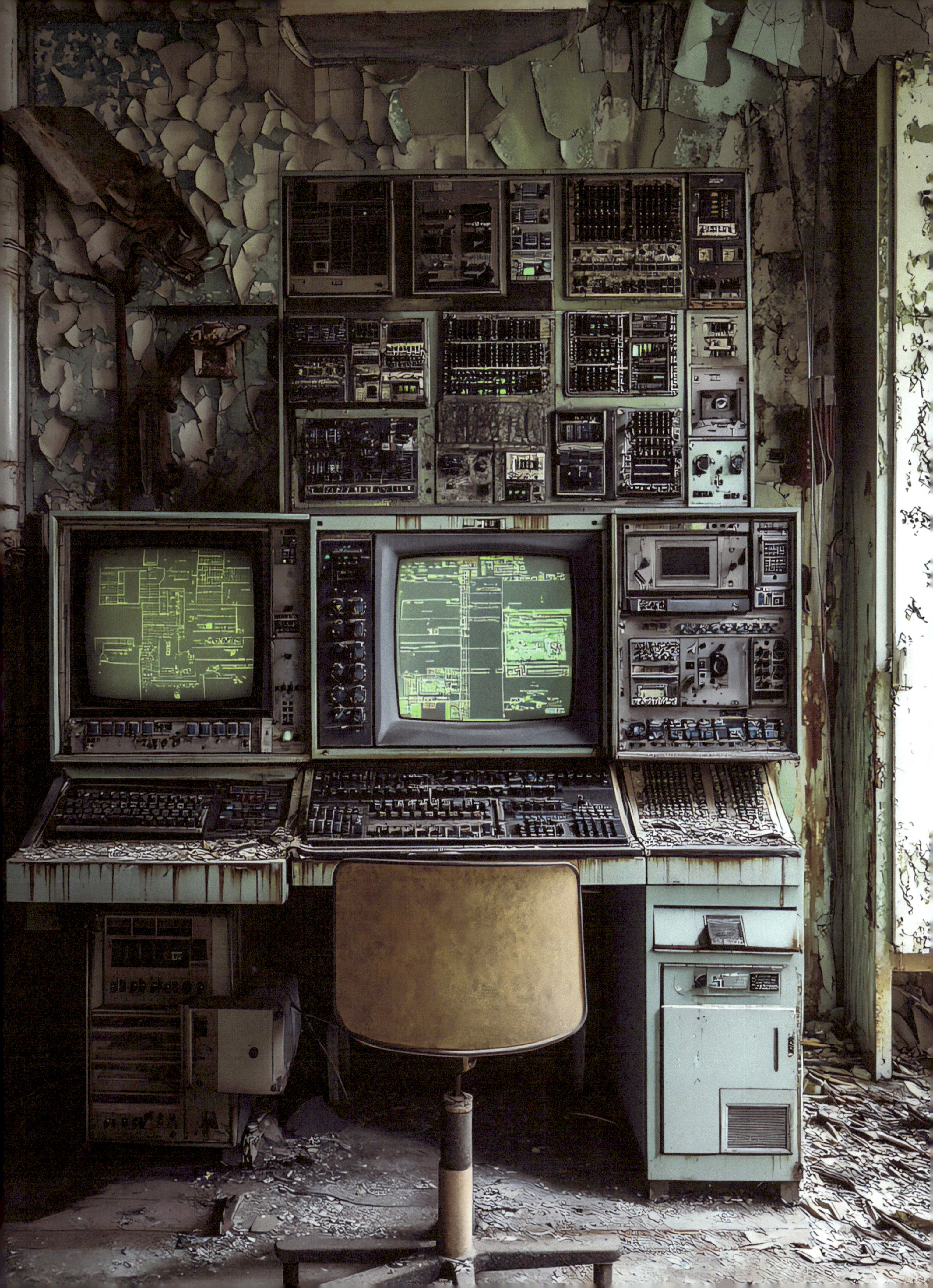

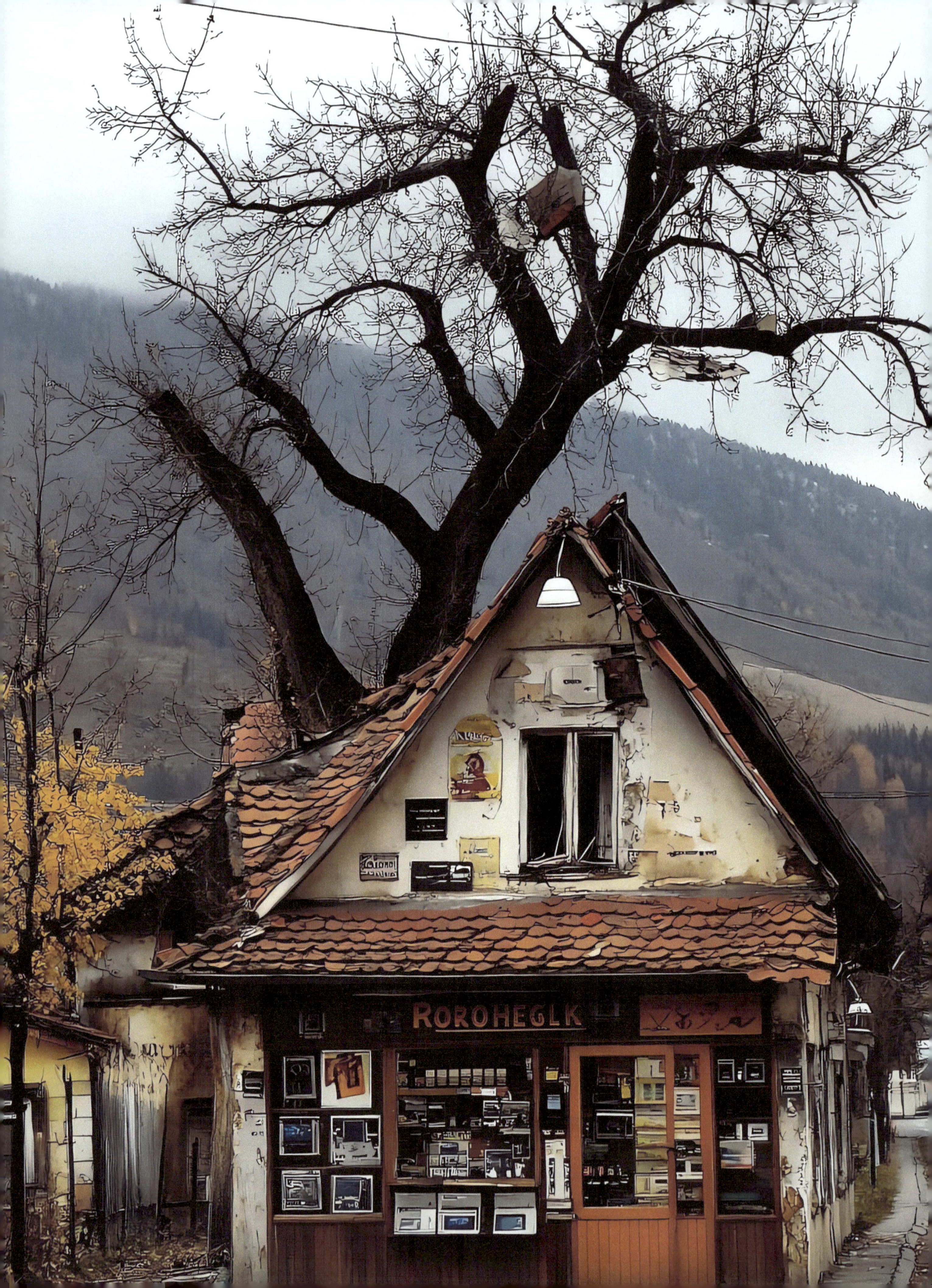
ROROHEGLK

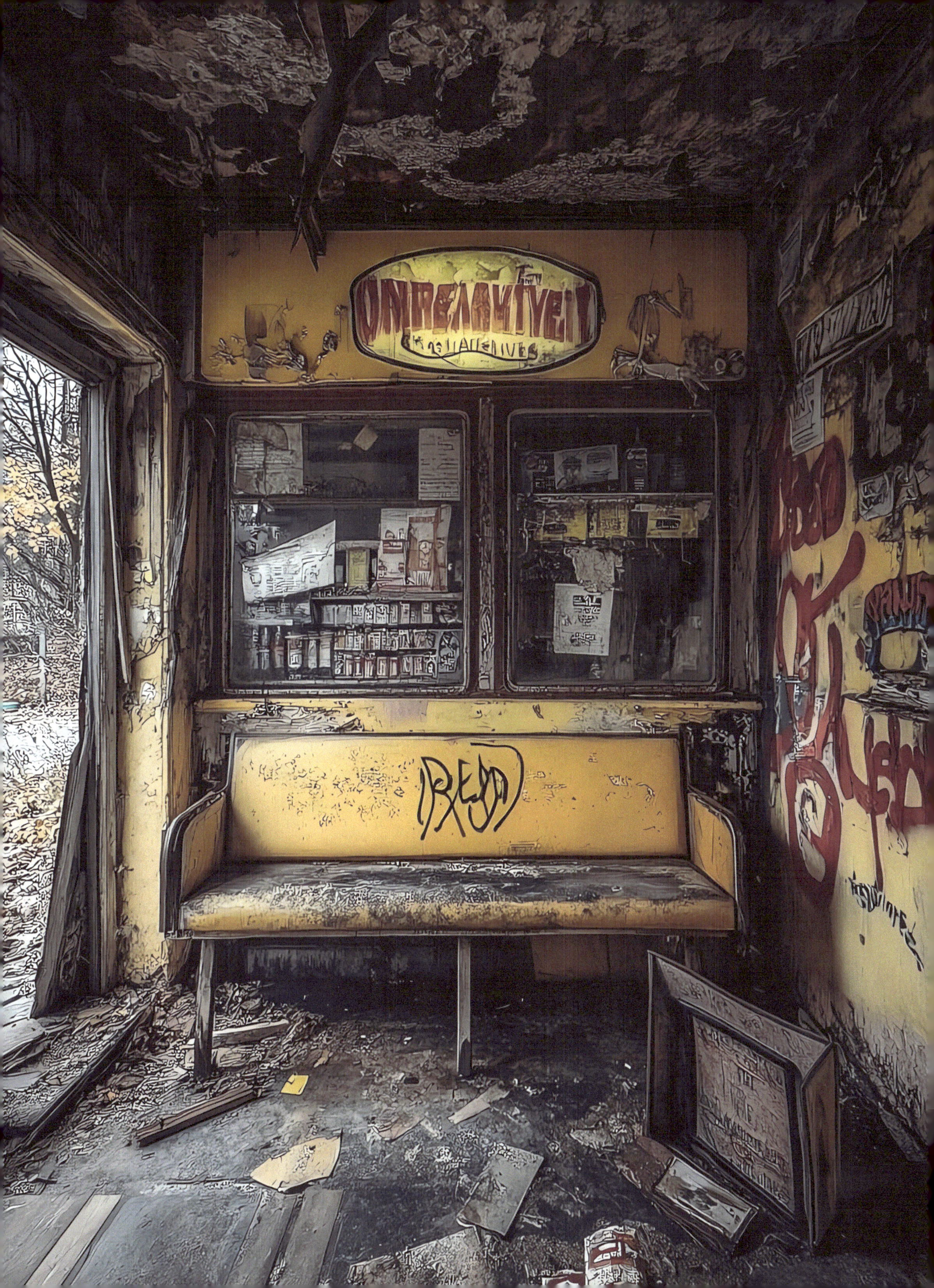

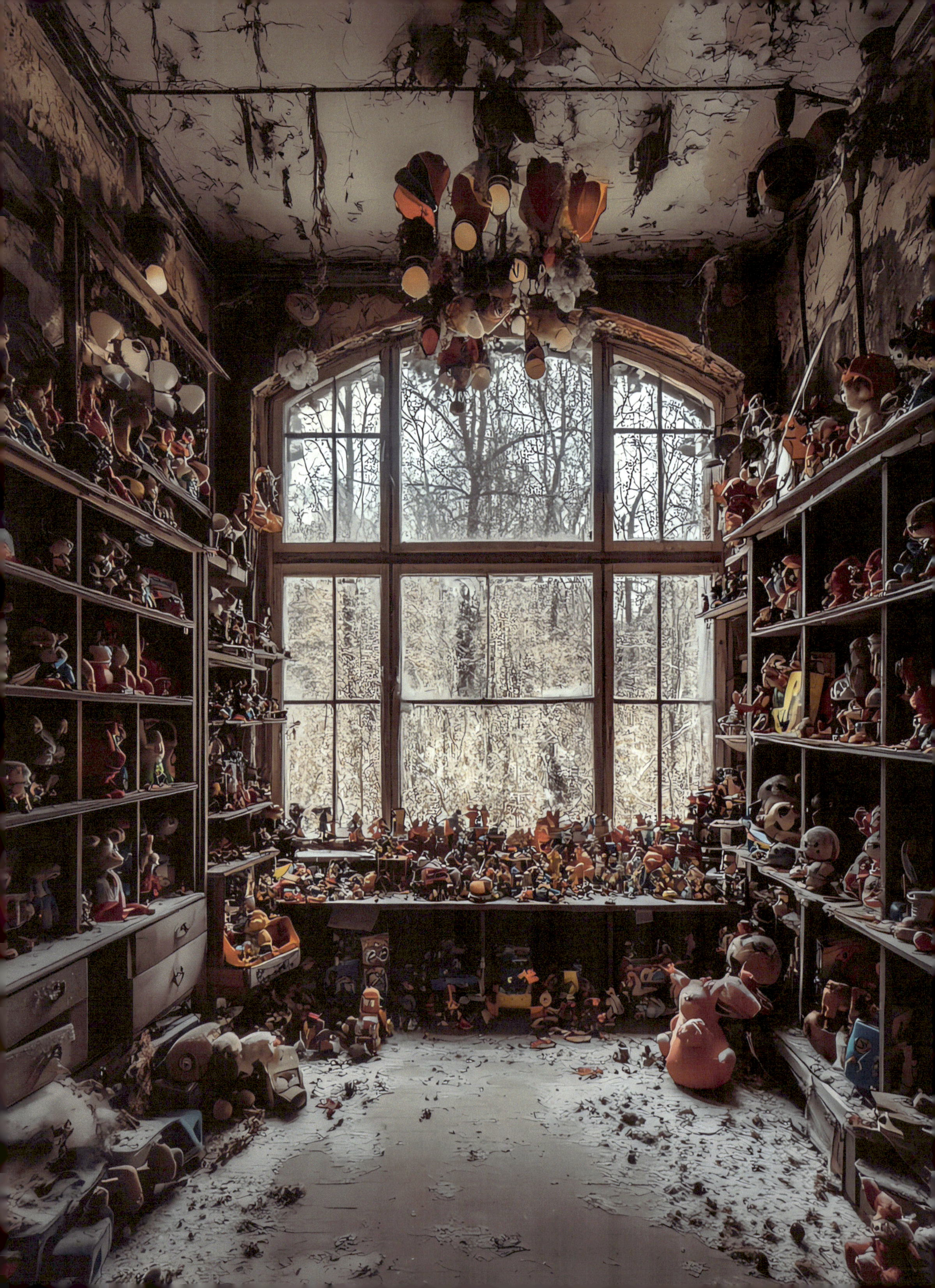

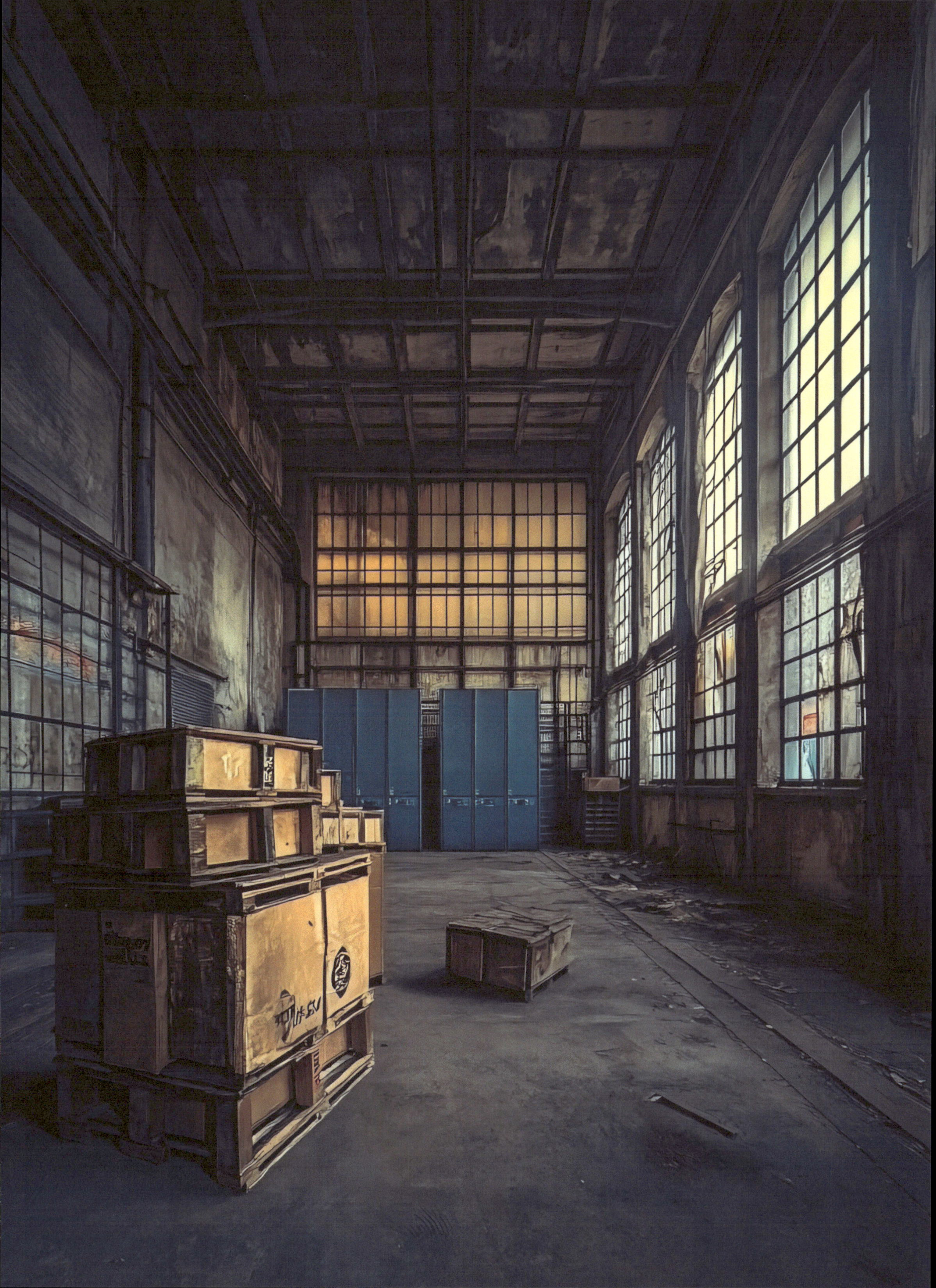

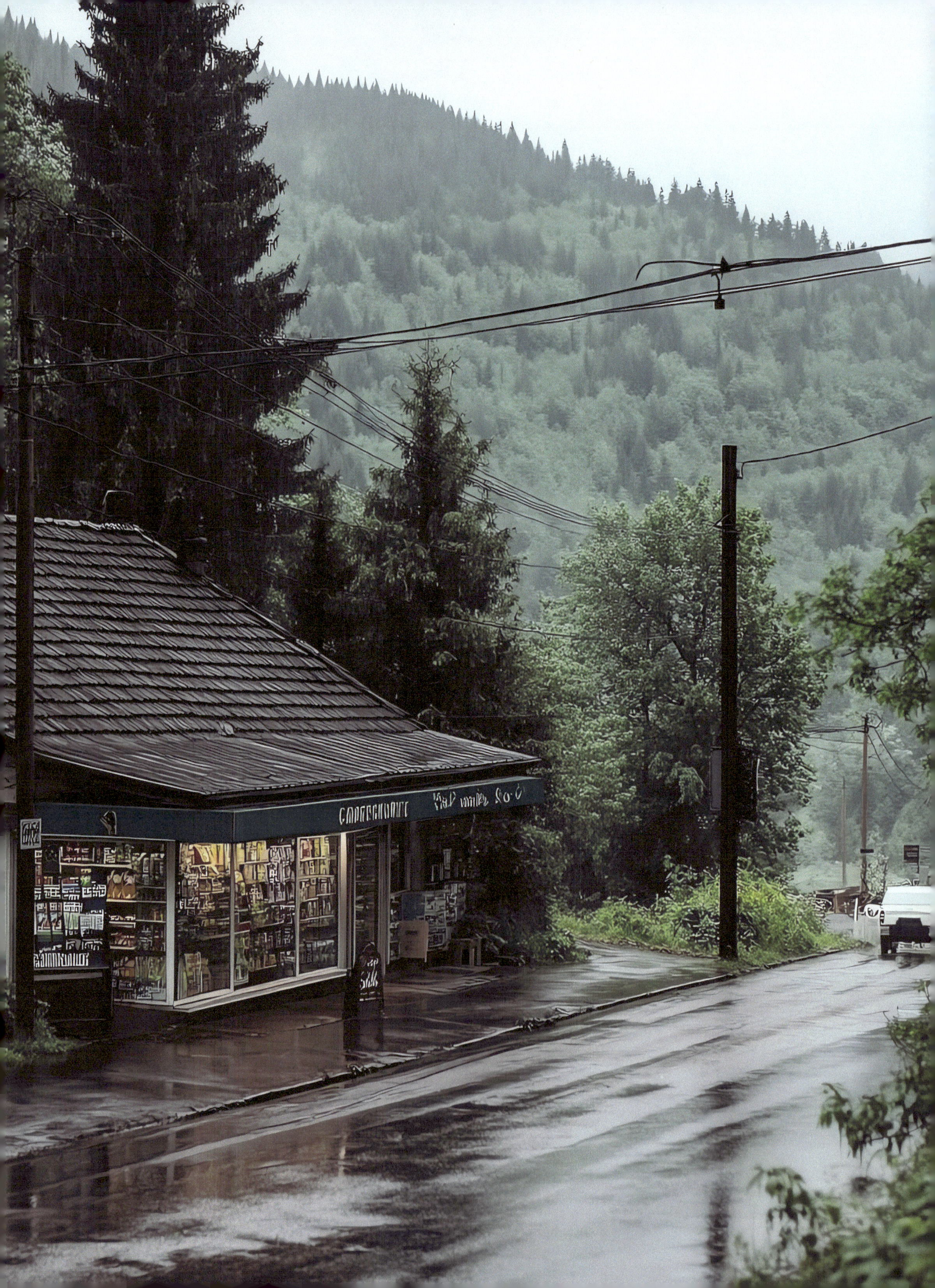

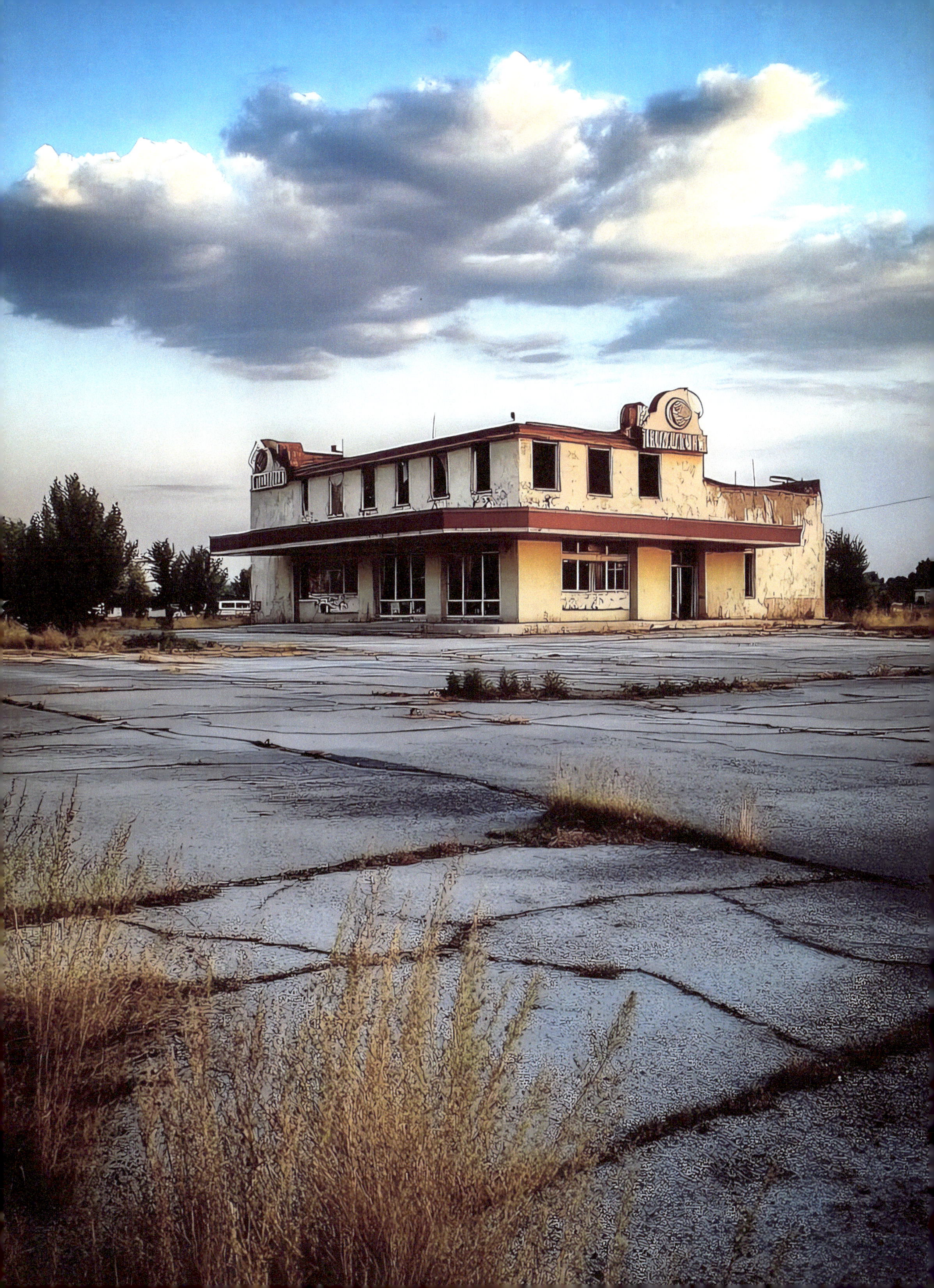

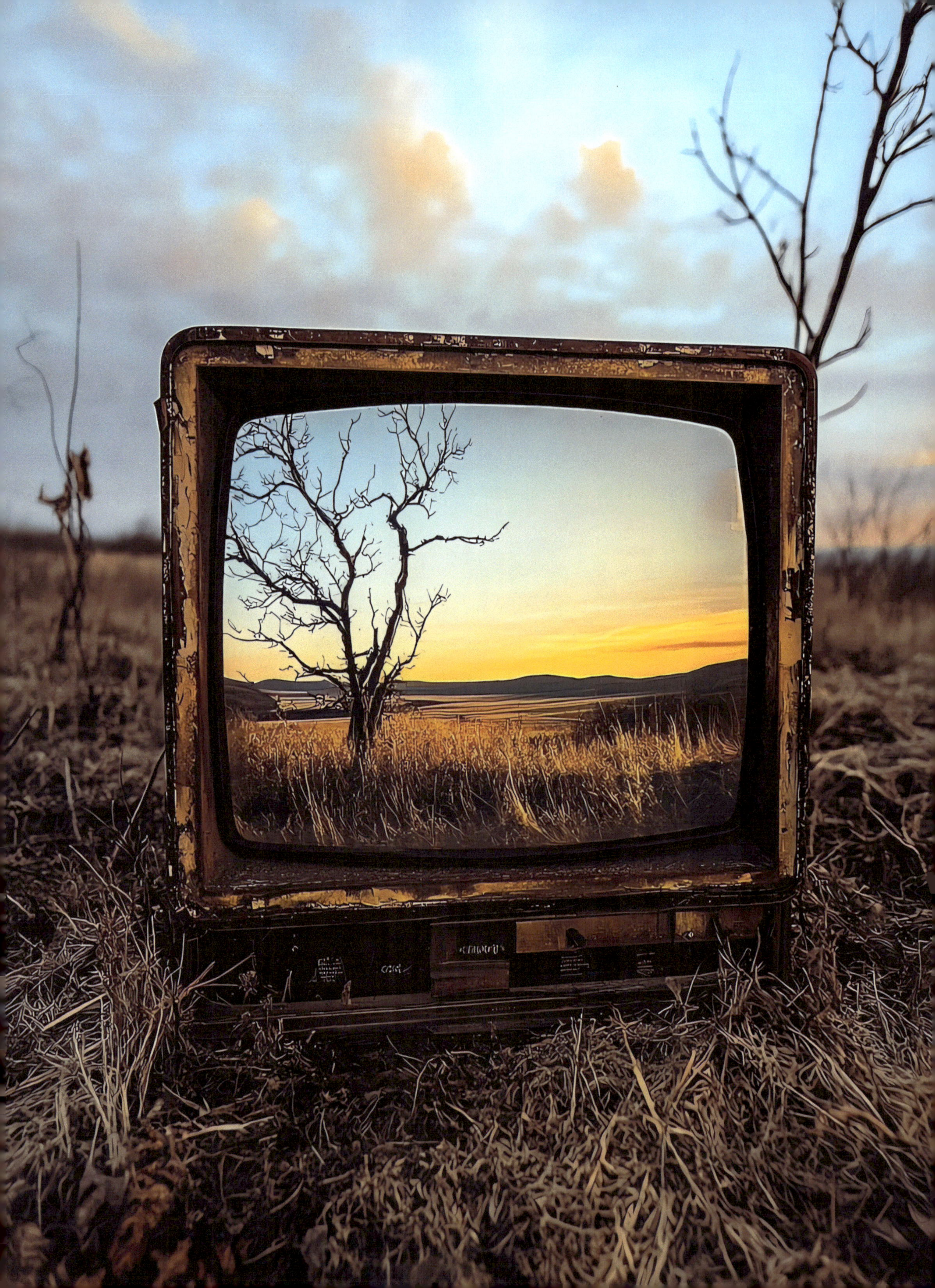

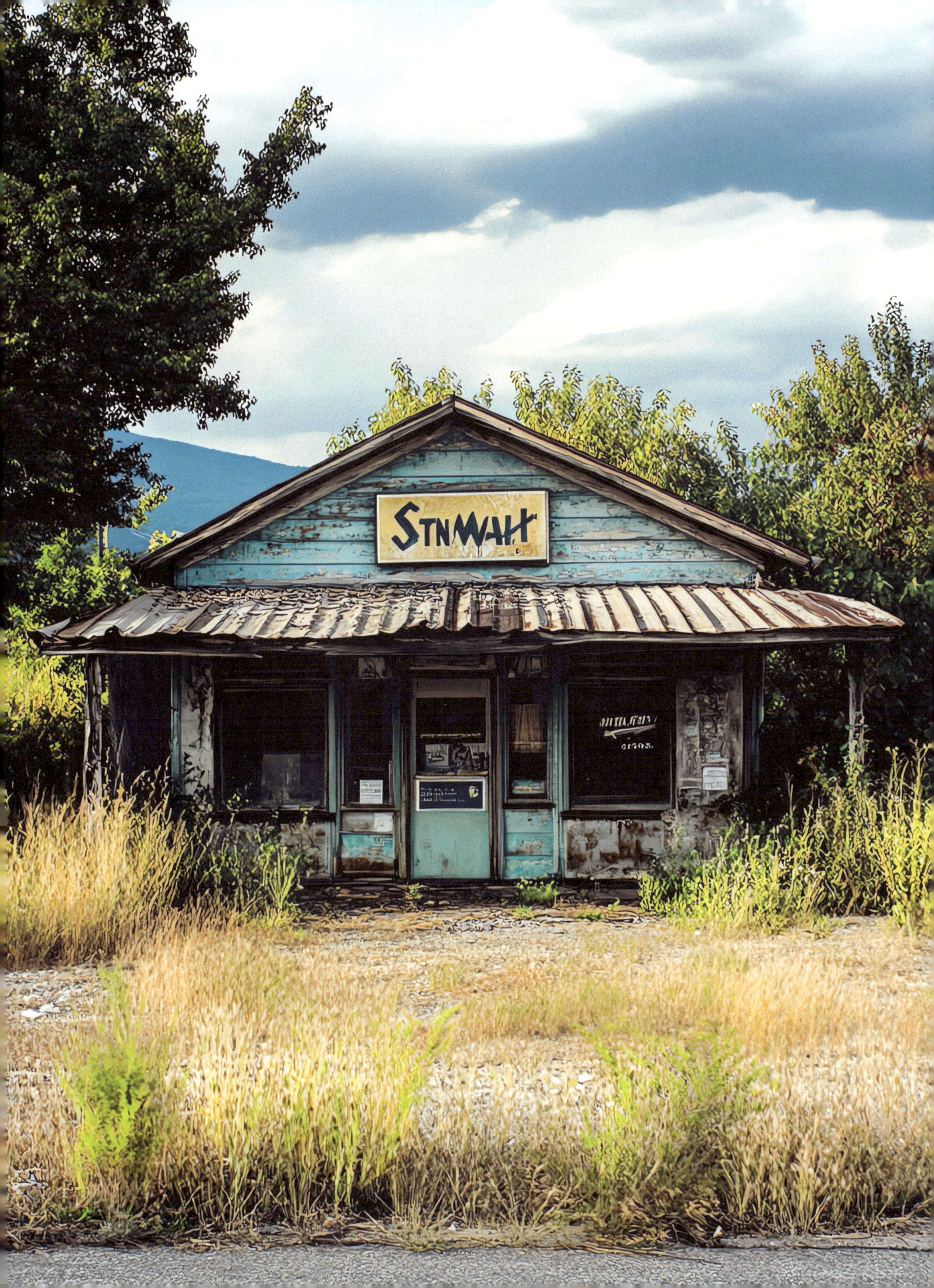

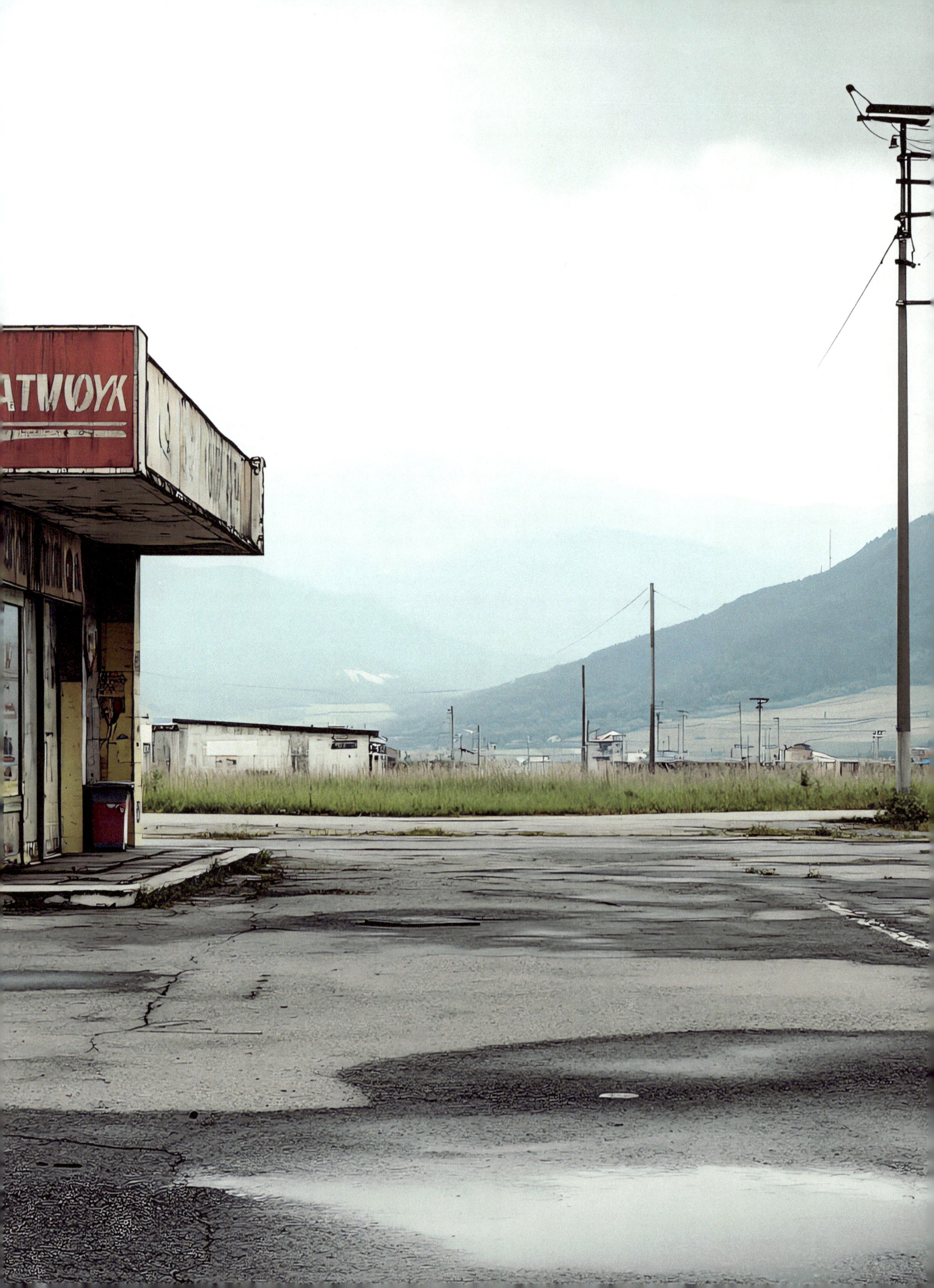

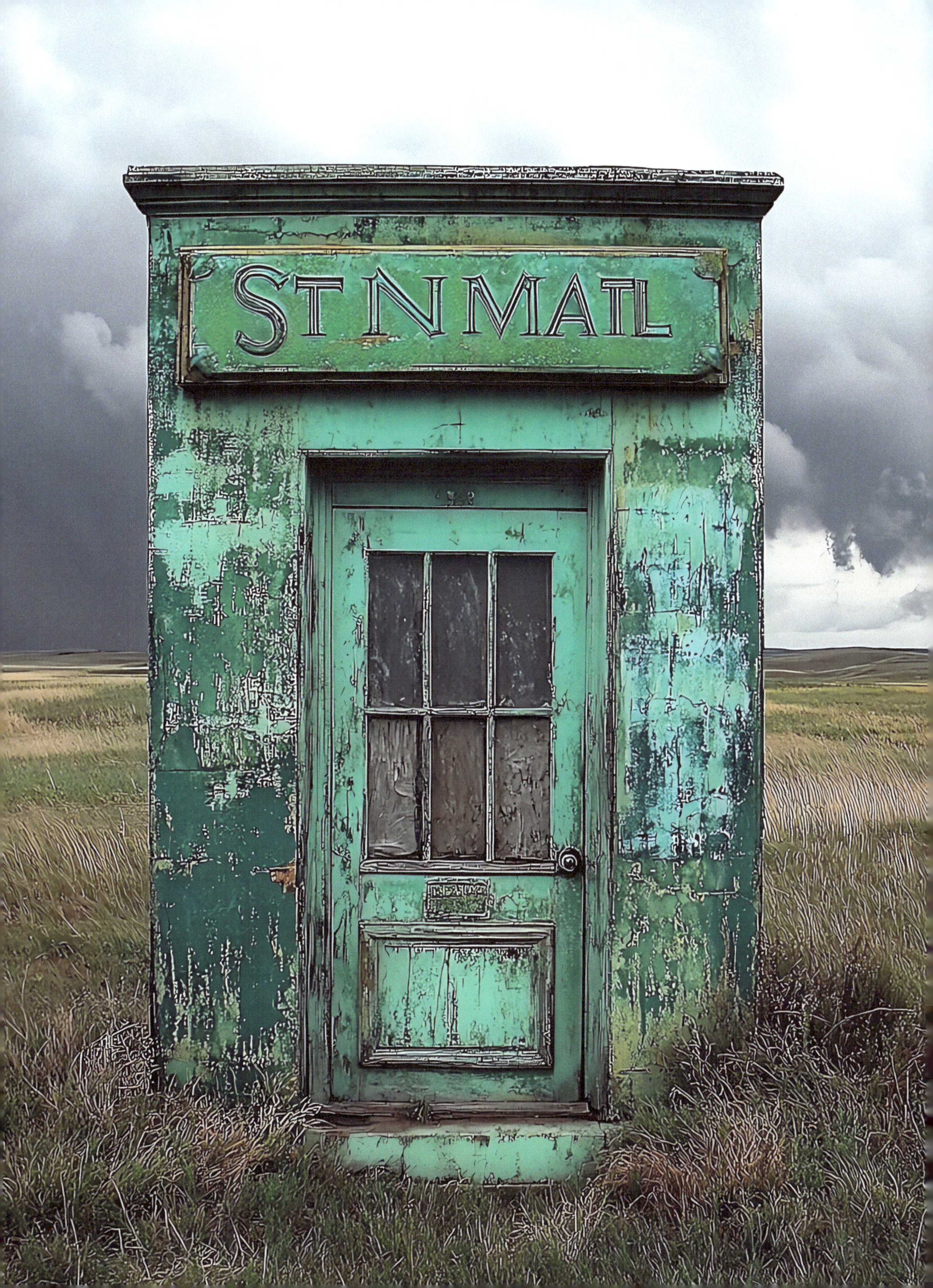
STNMAIL

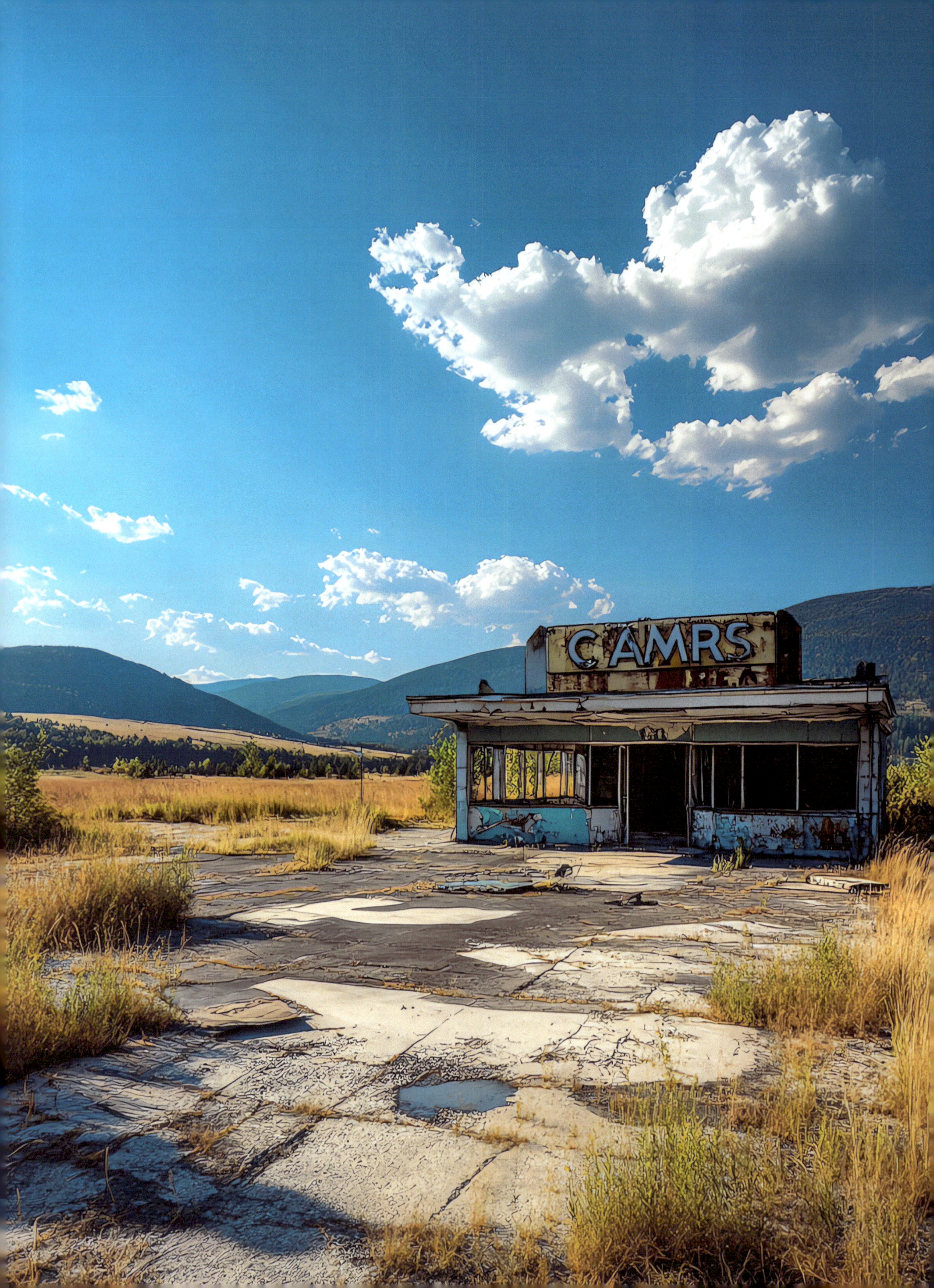
CAMRS

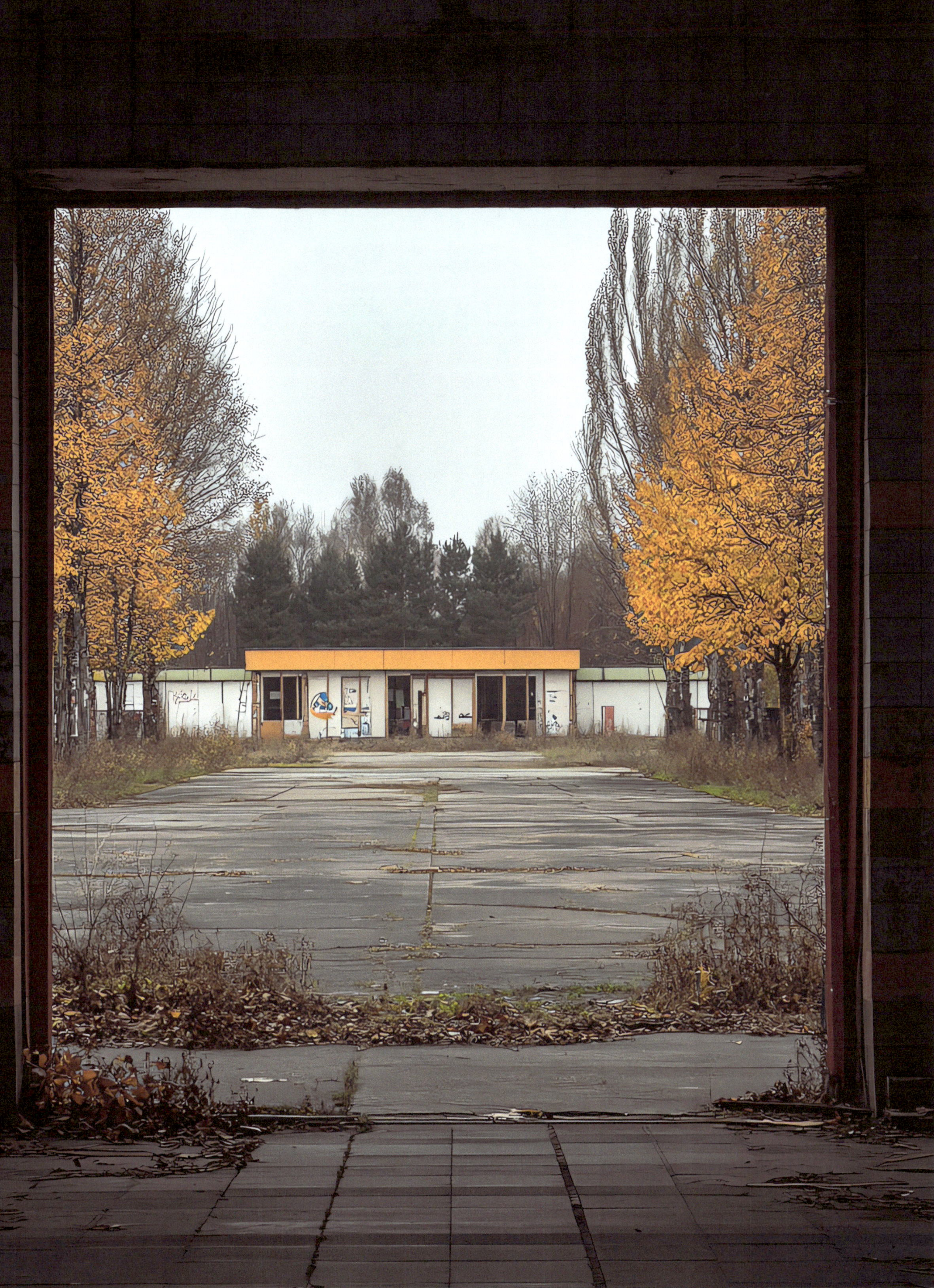

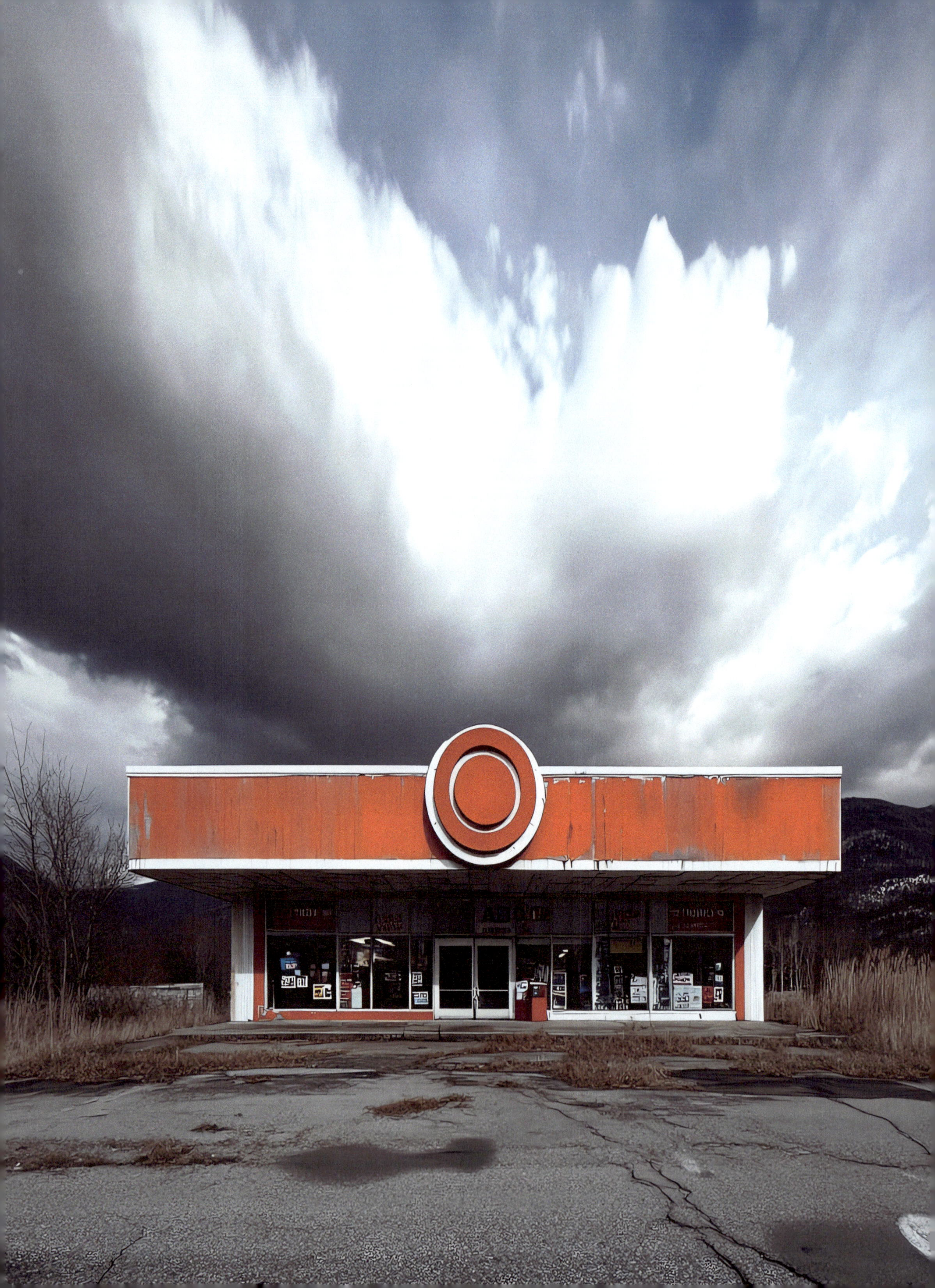

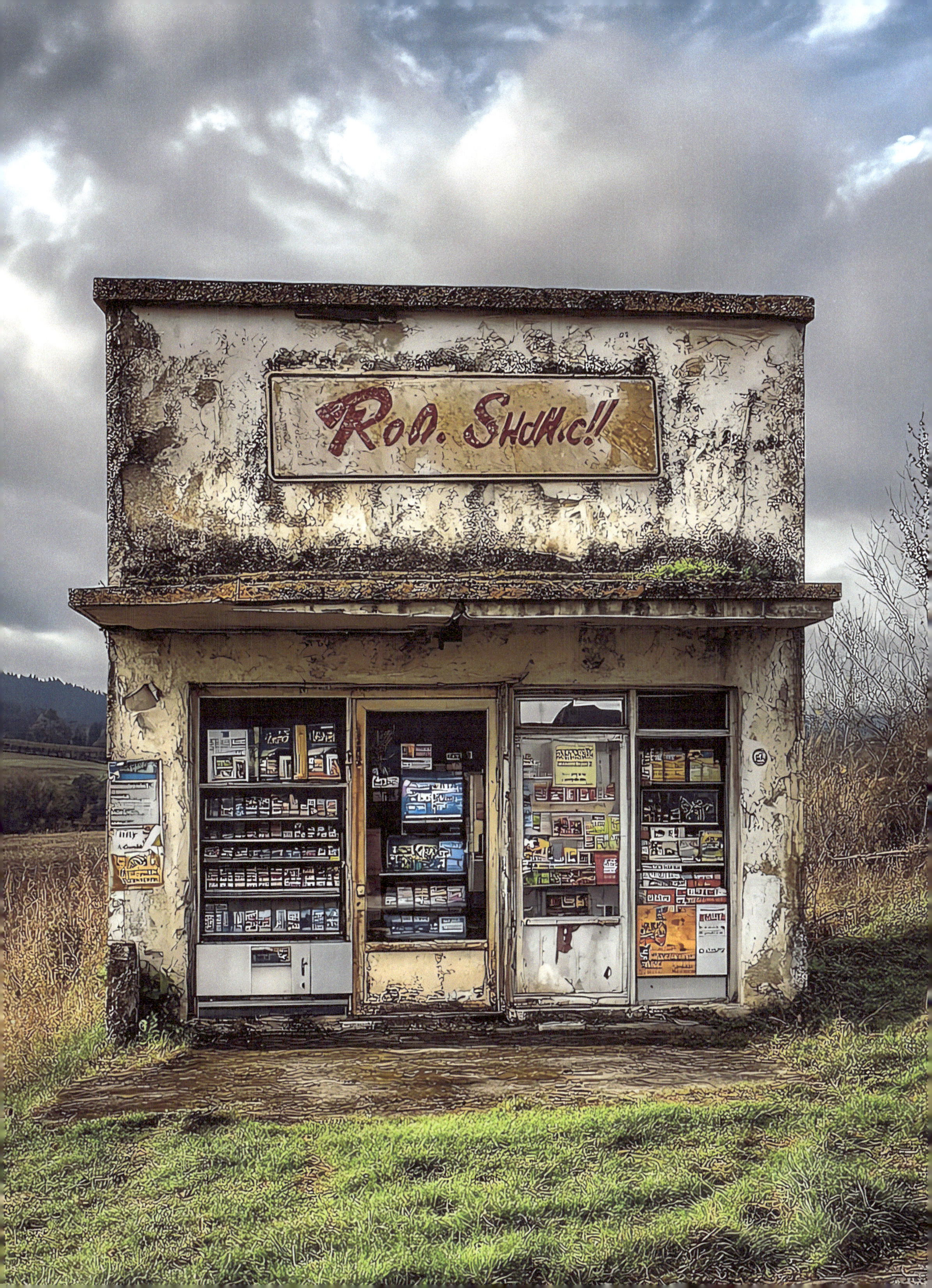

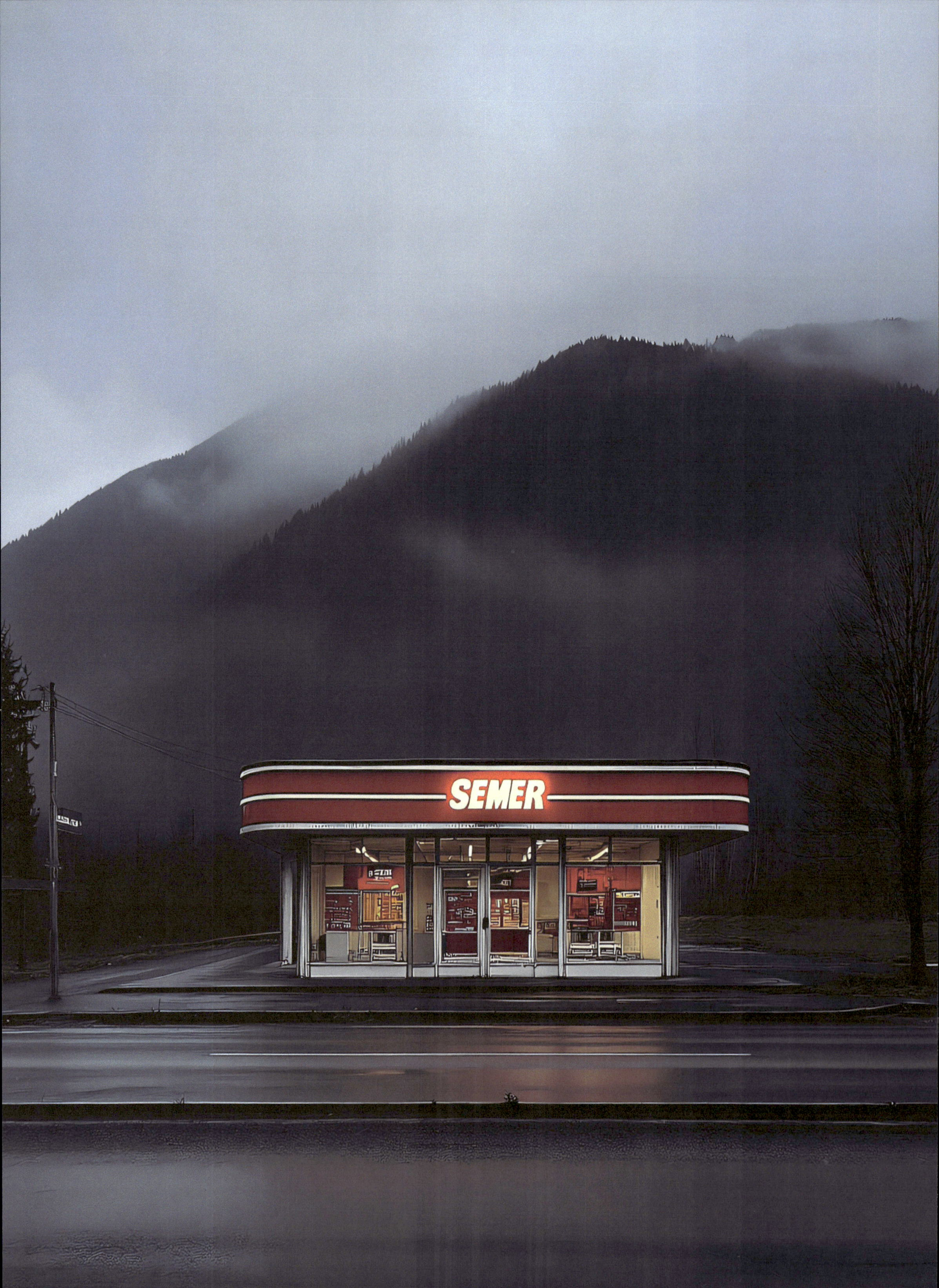
SEMER

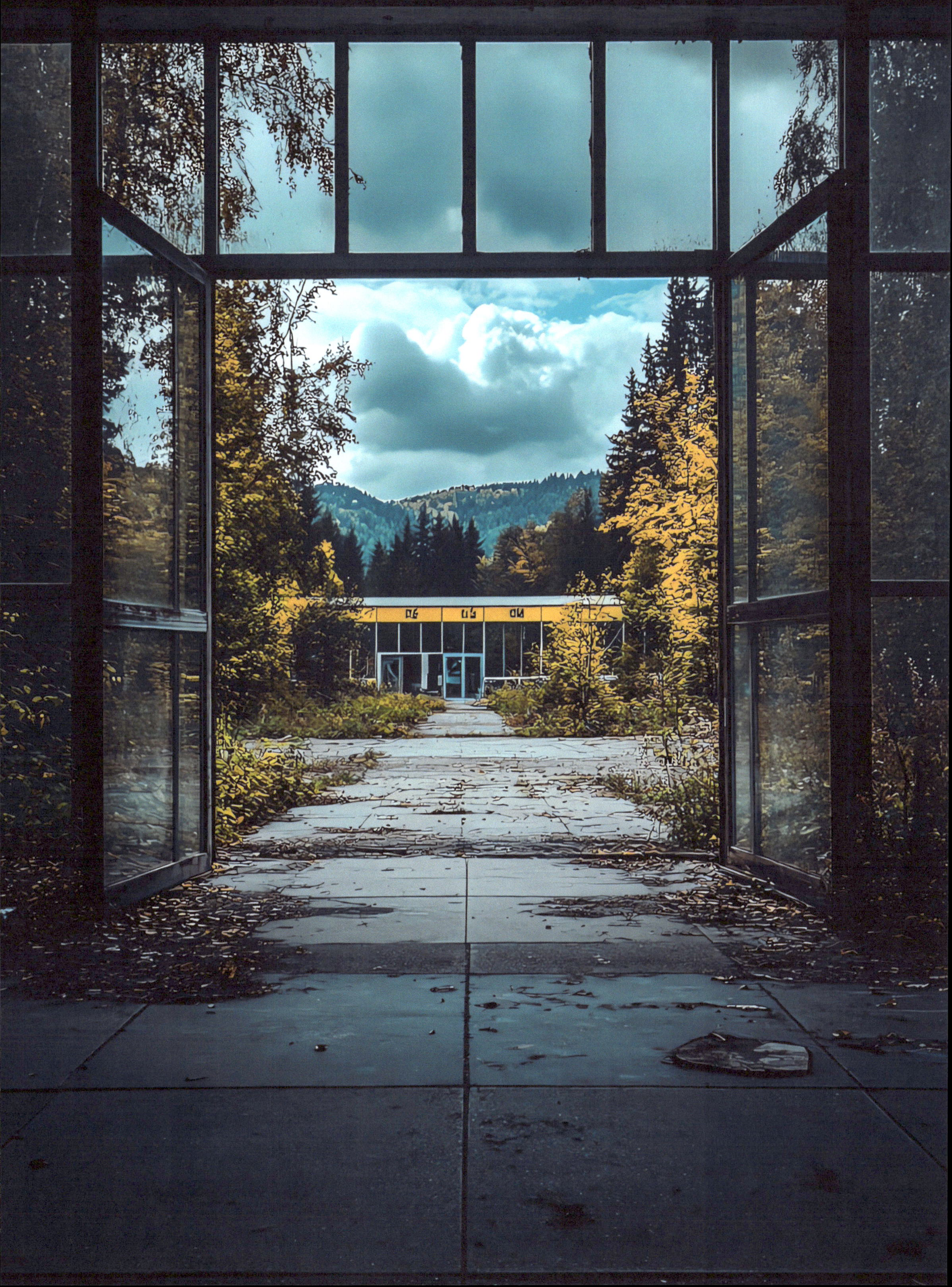

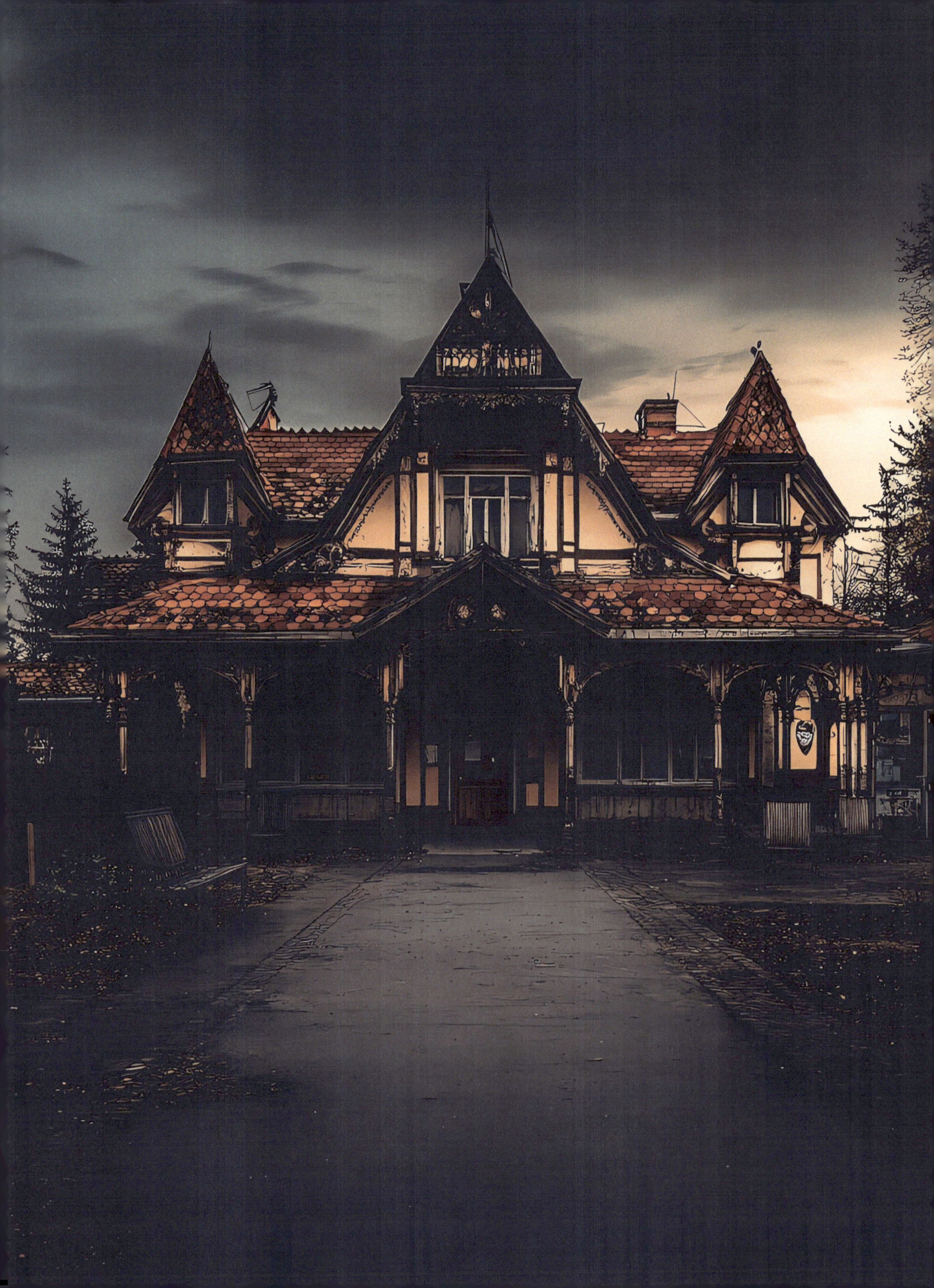

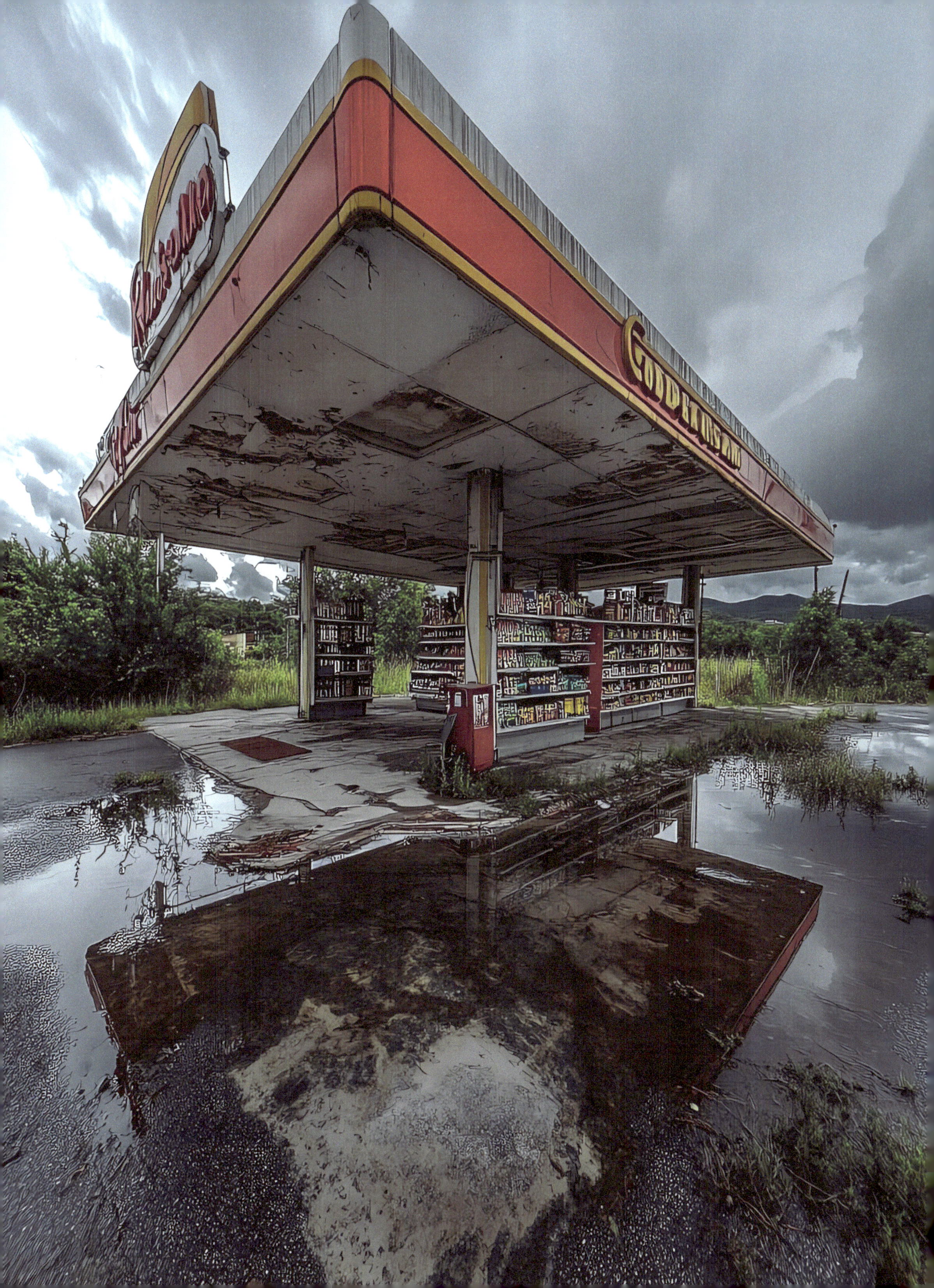

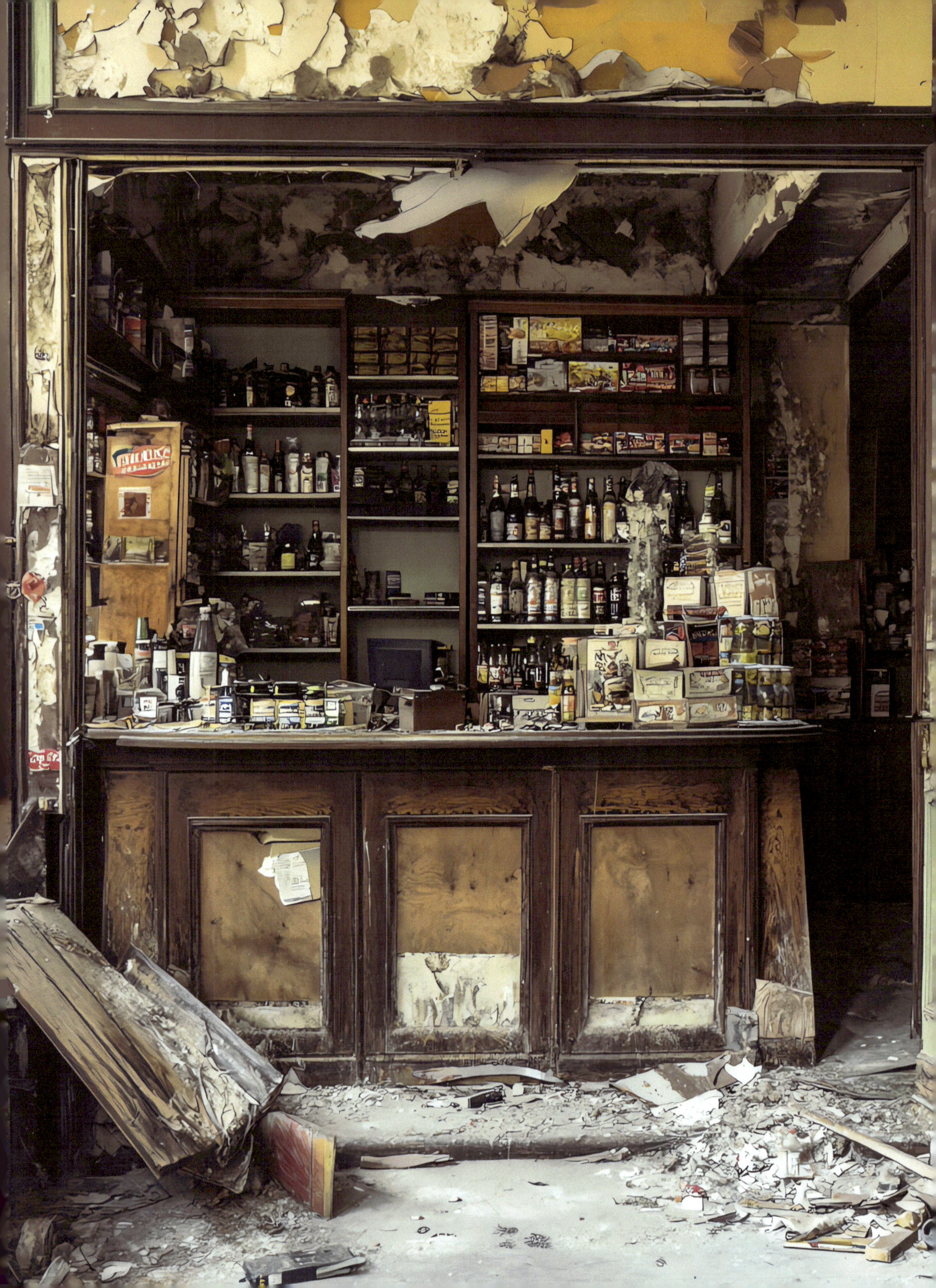

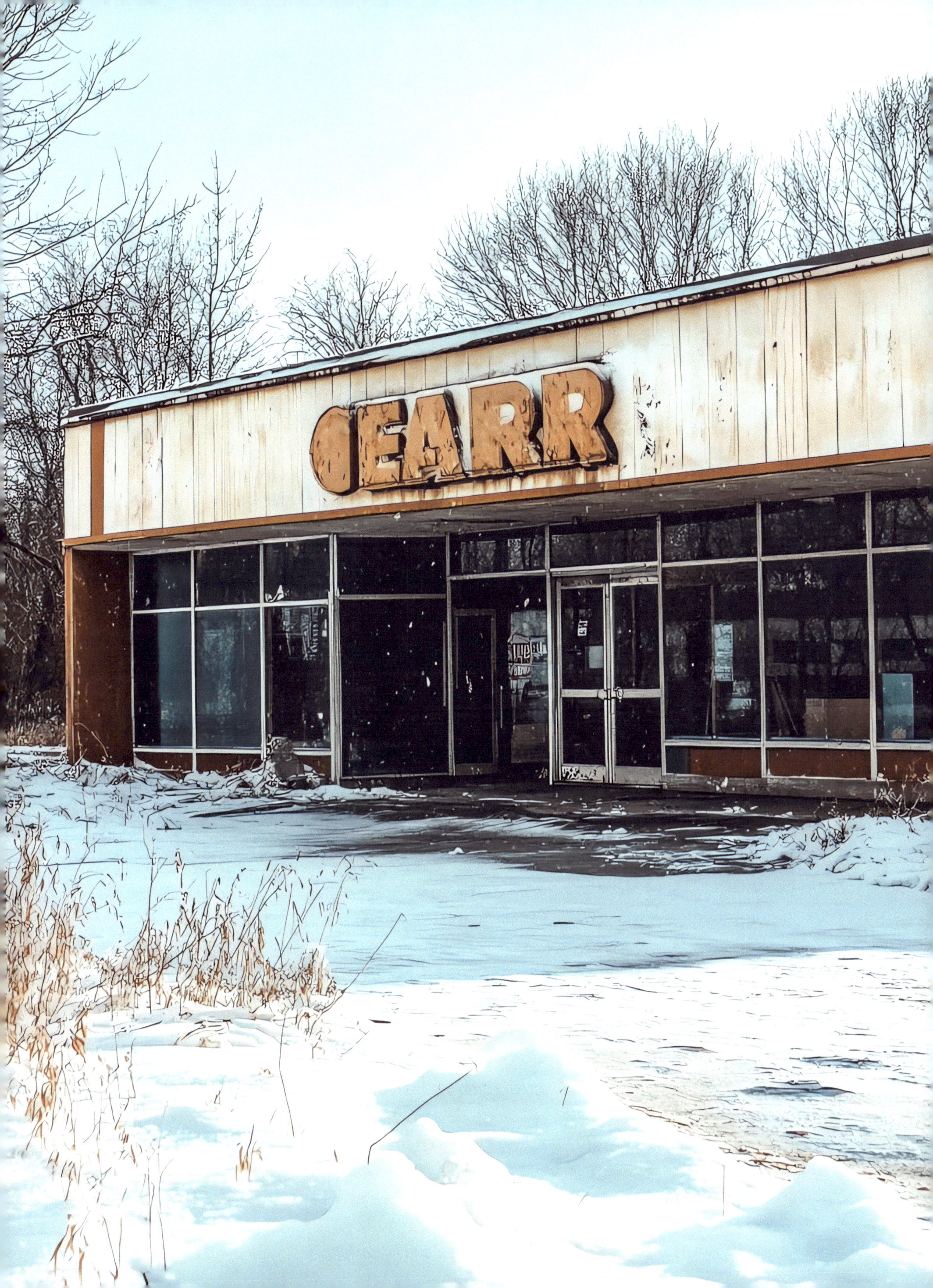

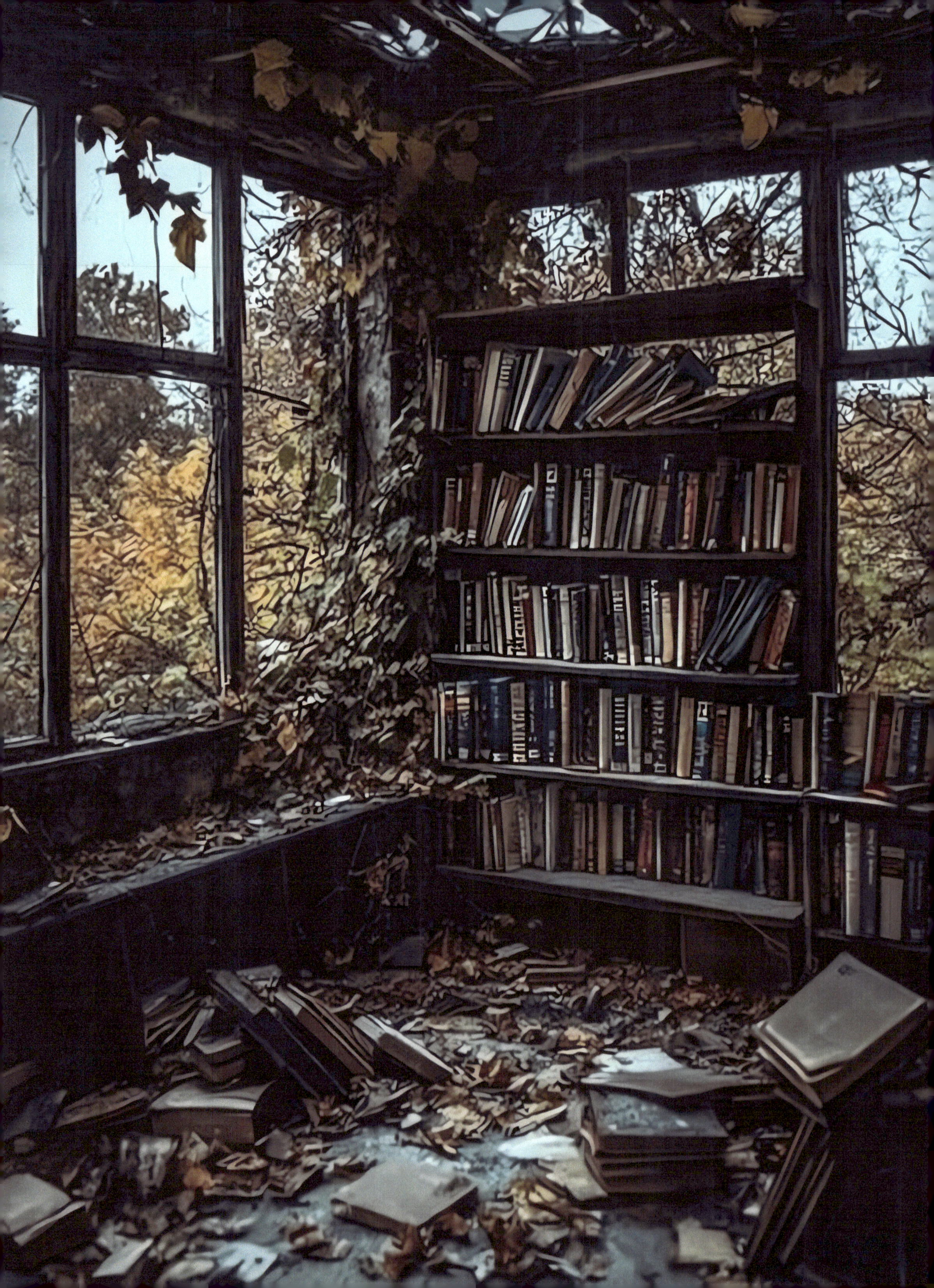

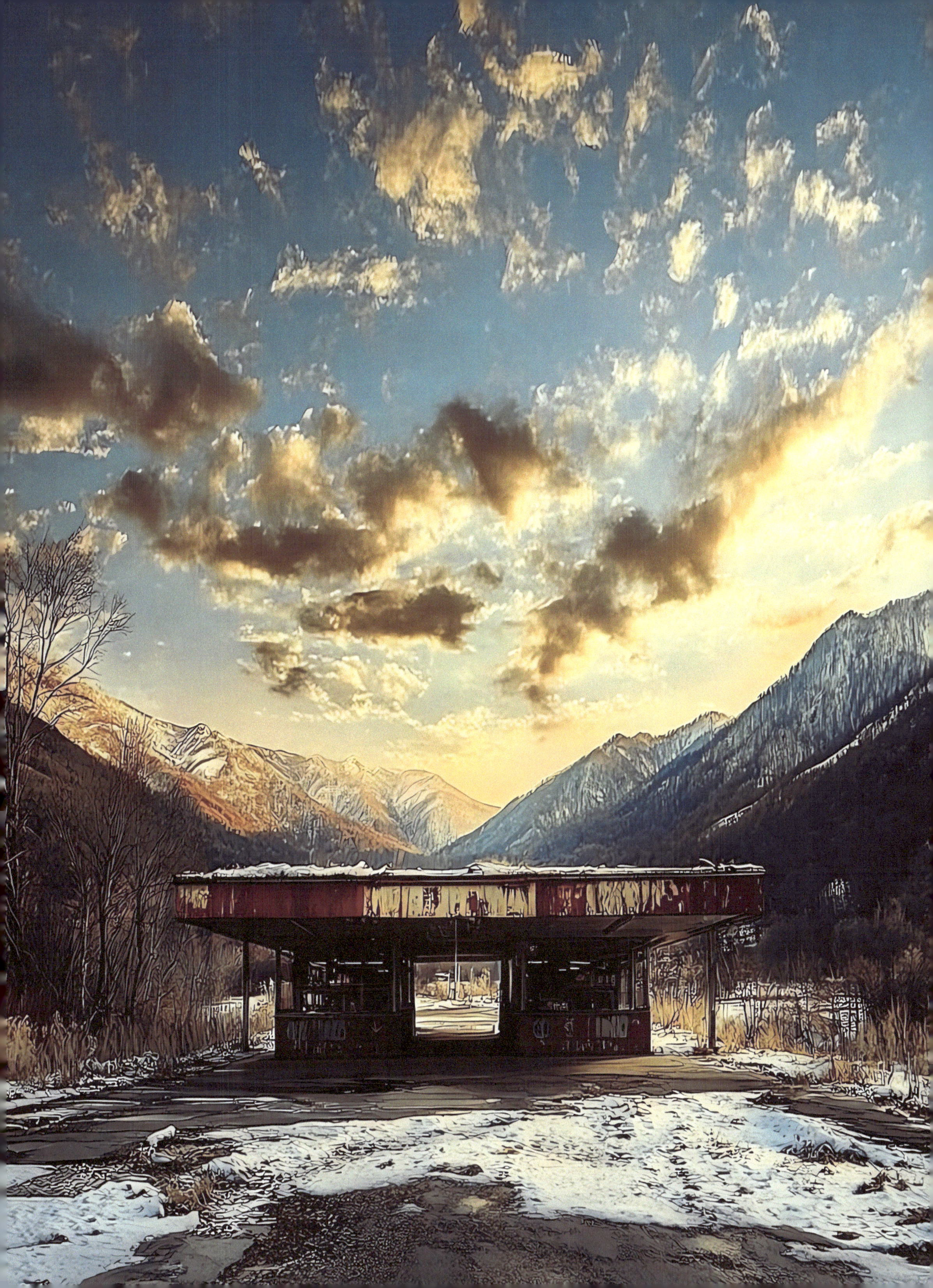

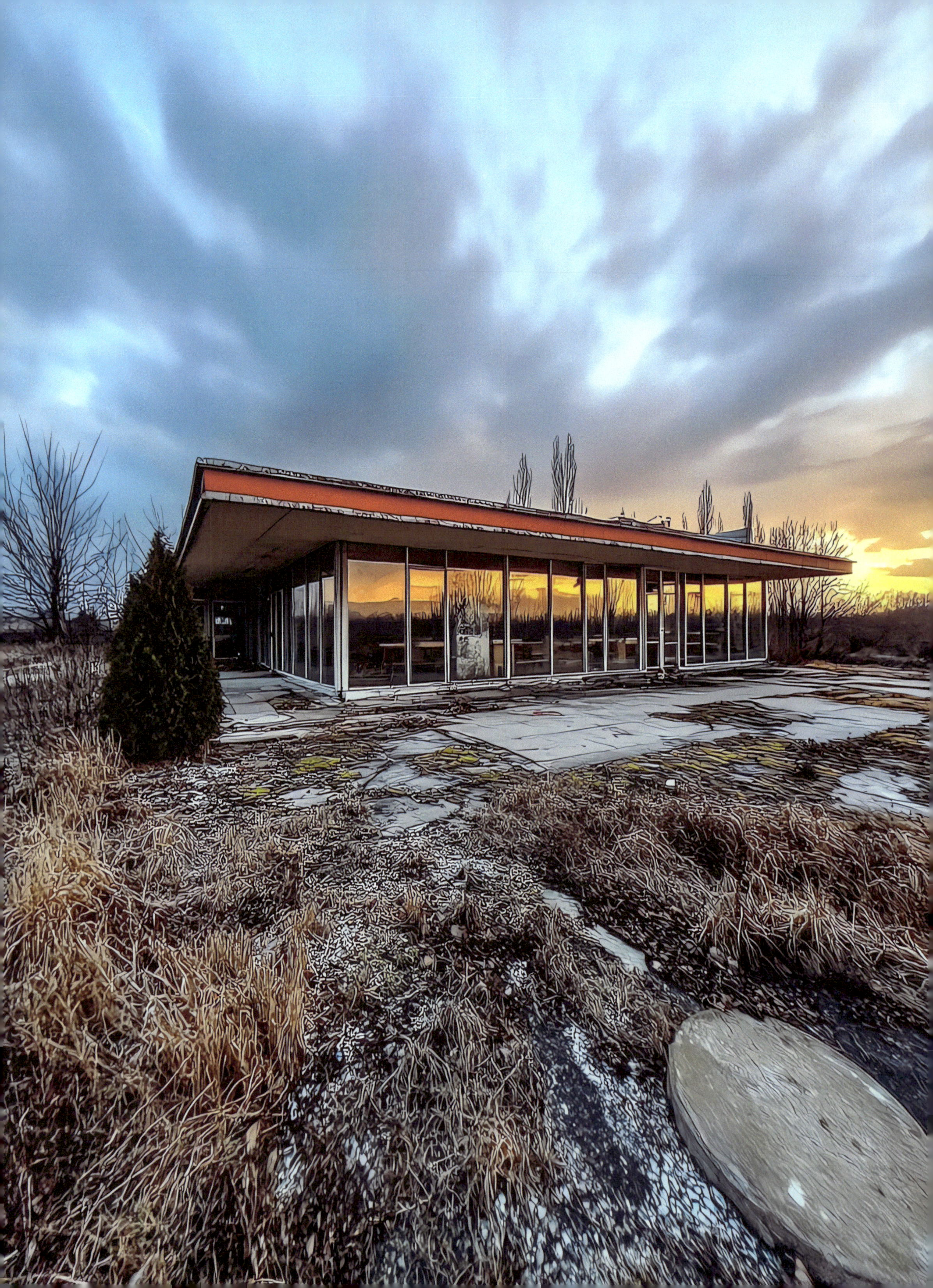

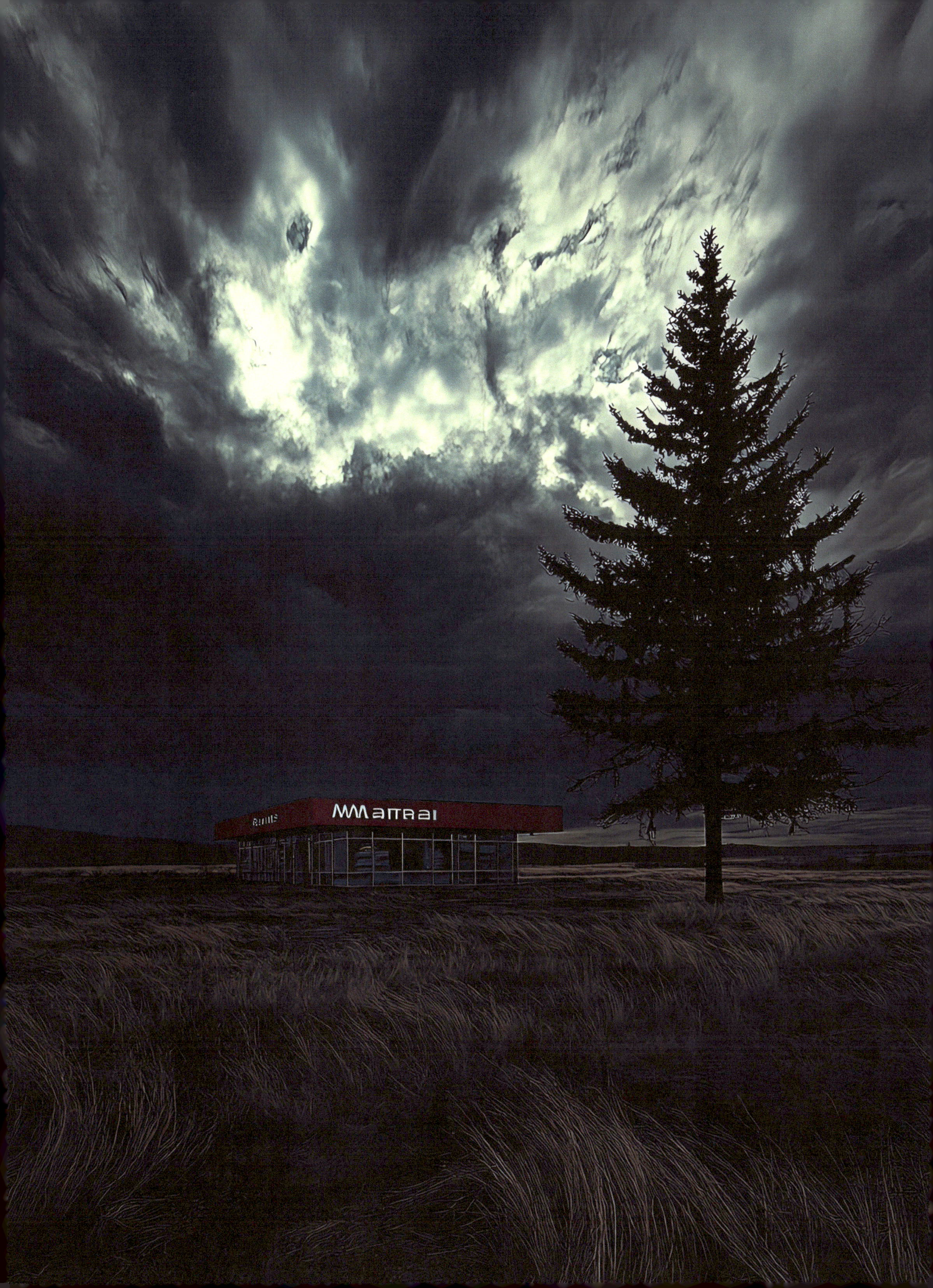

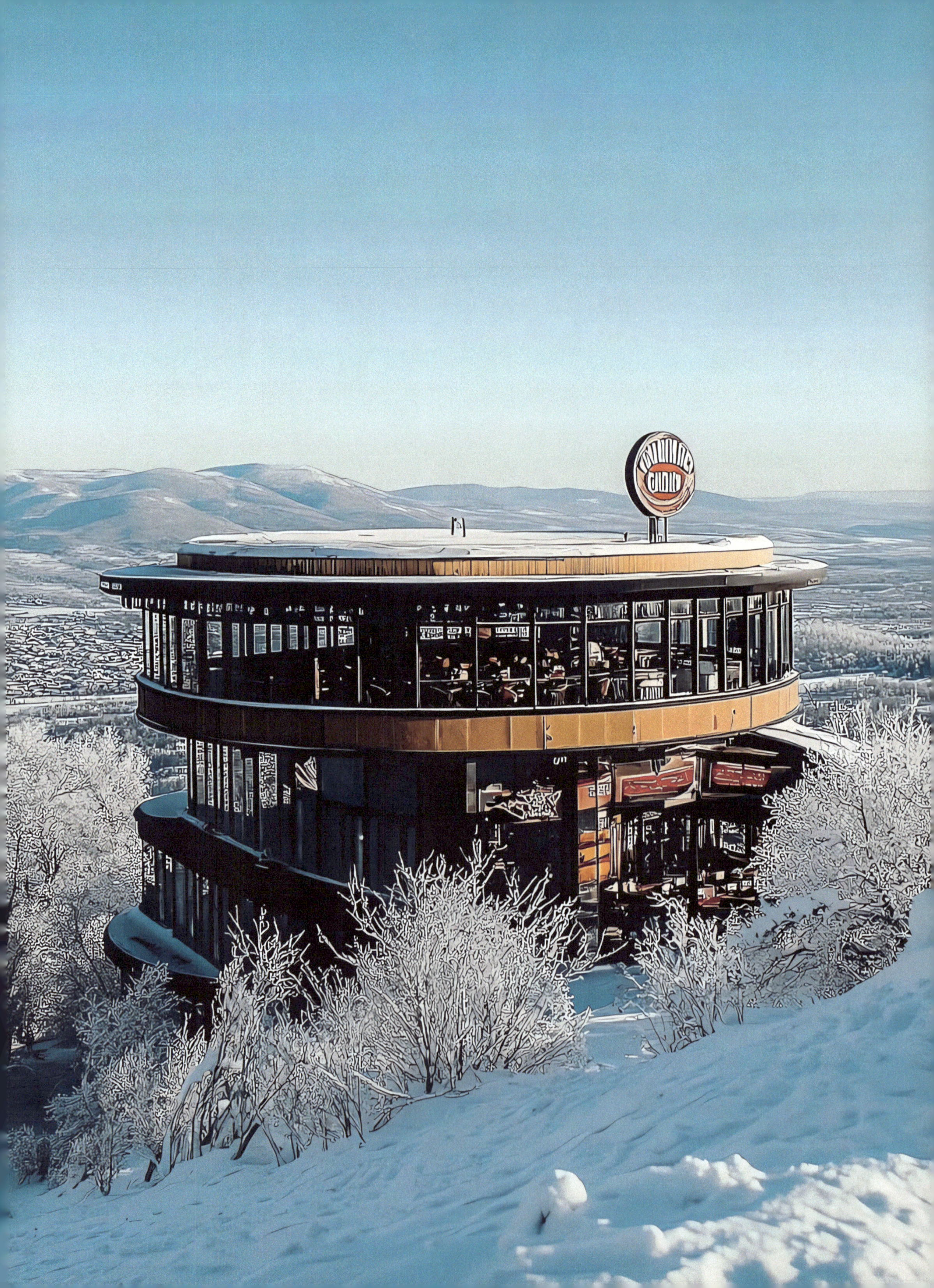

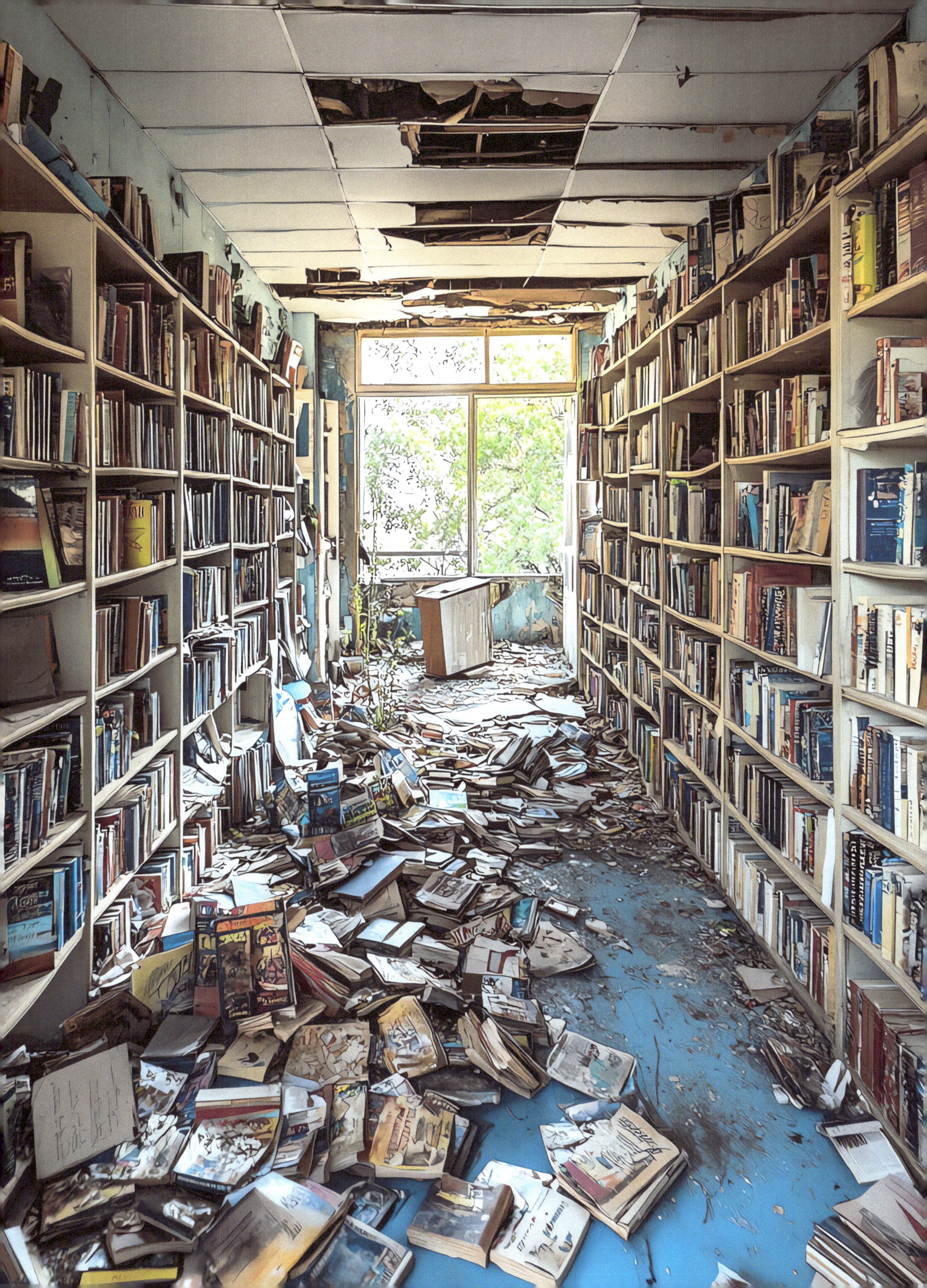

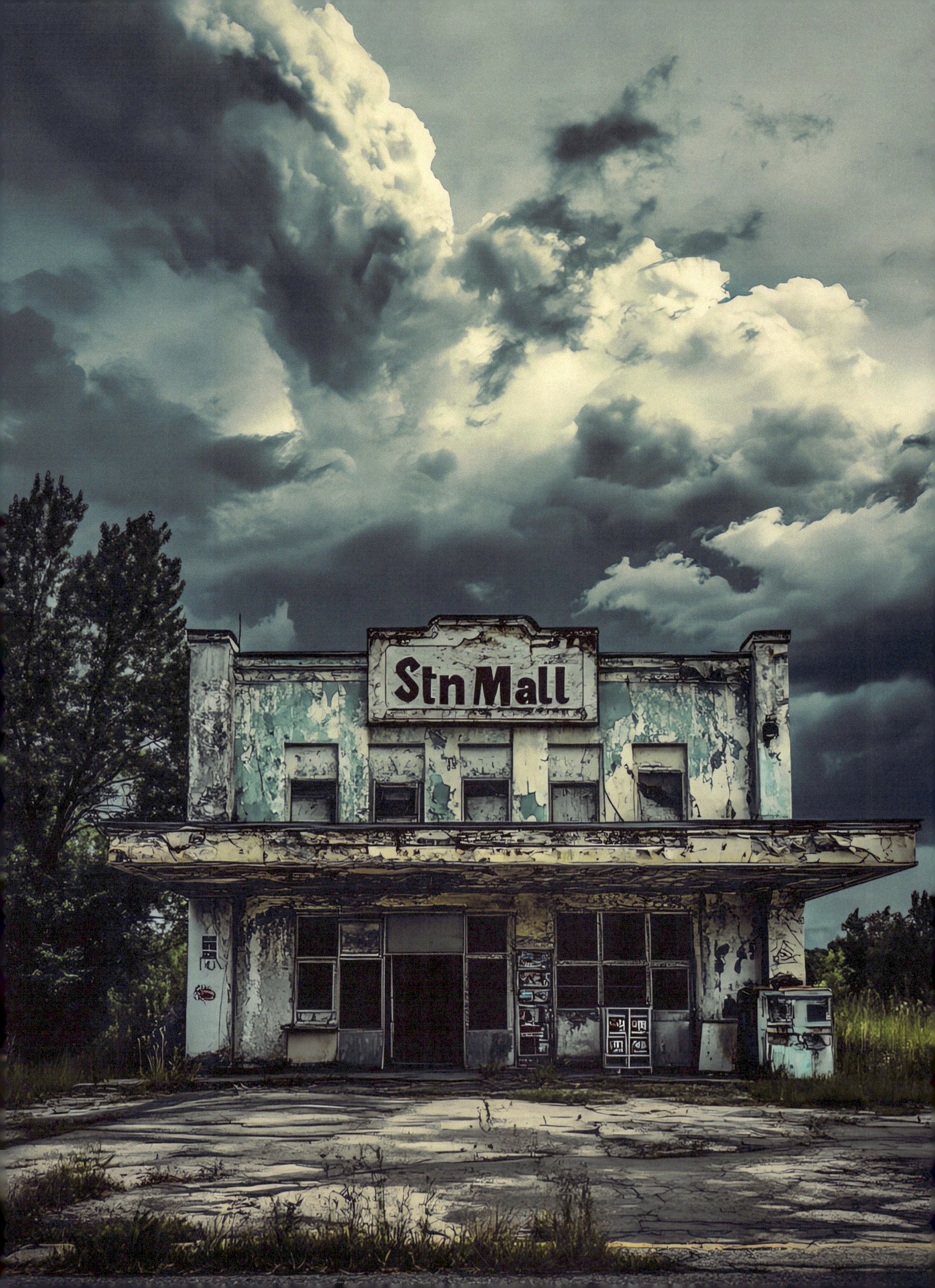
StnMall

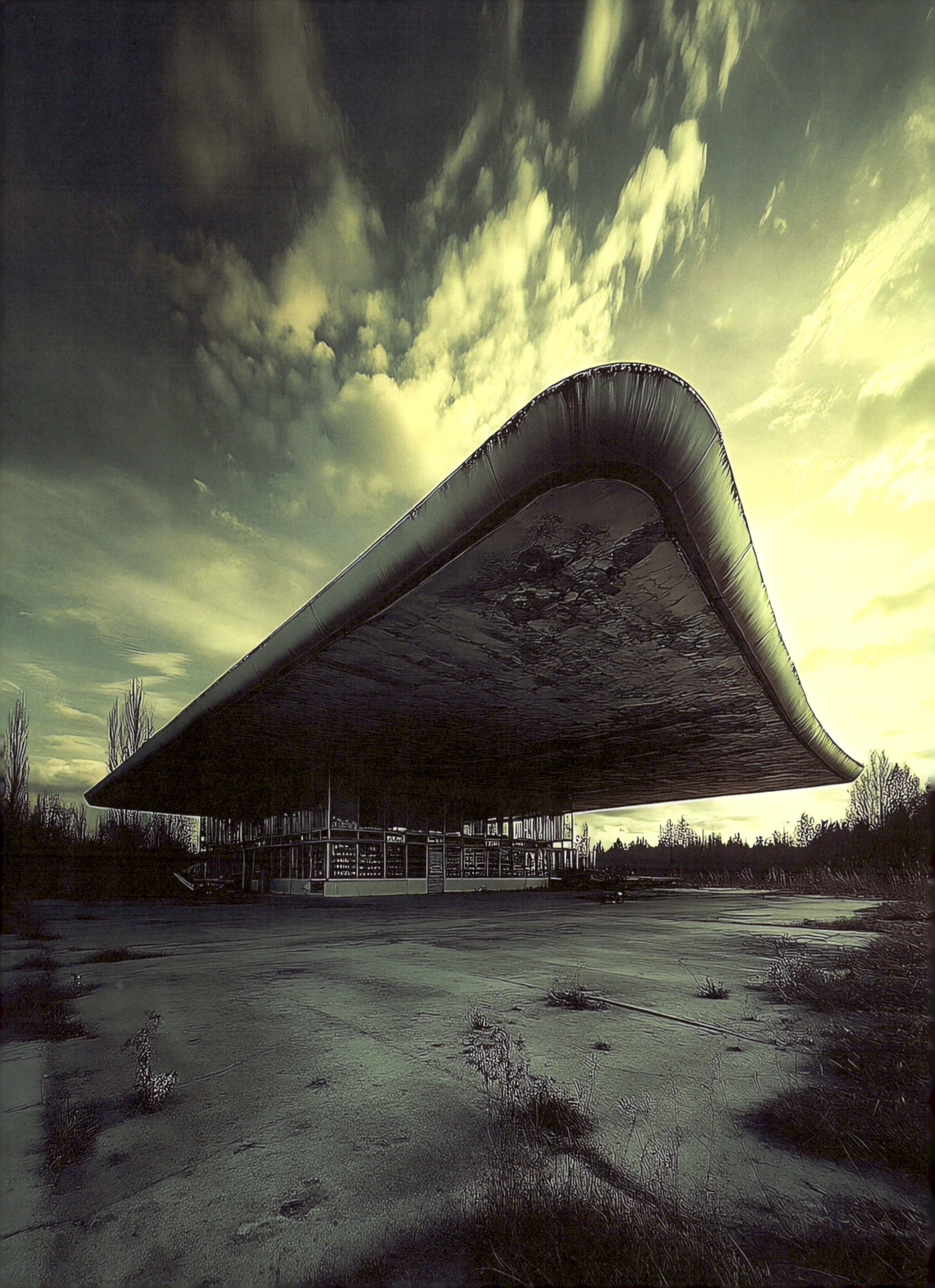

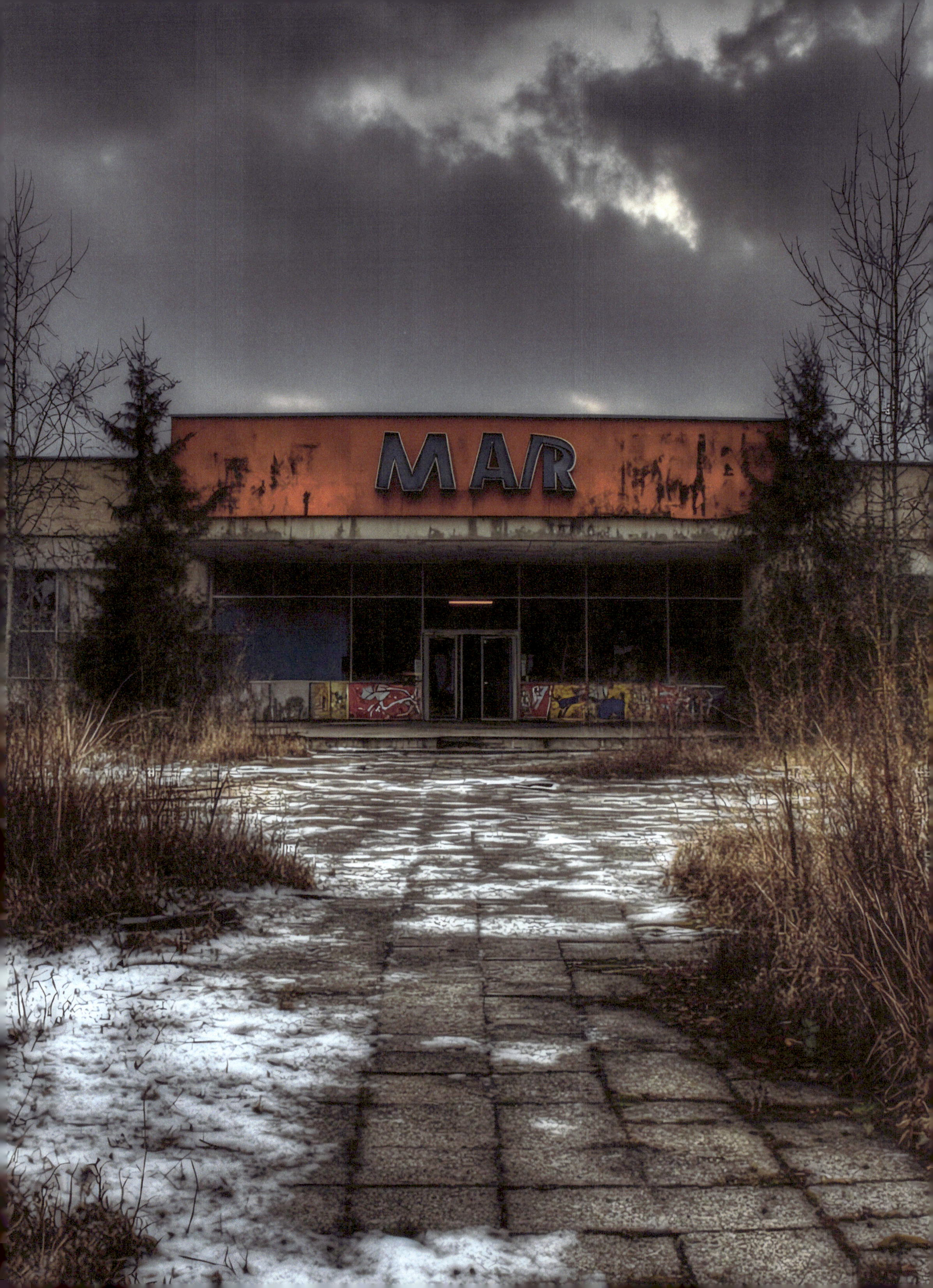
MAR

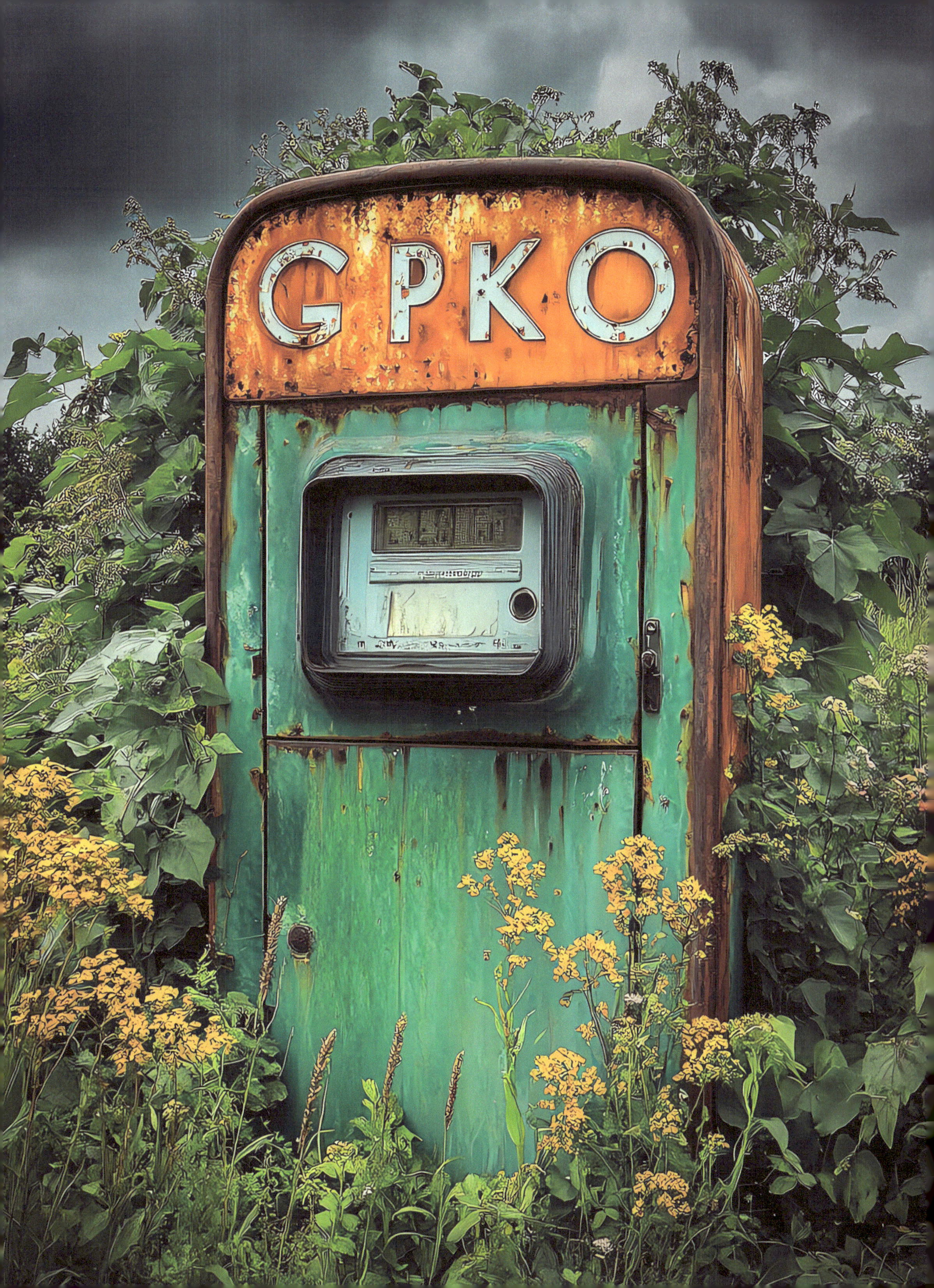
GPKO

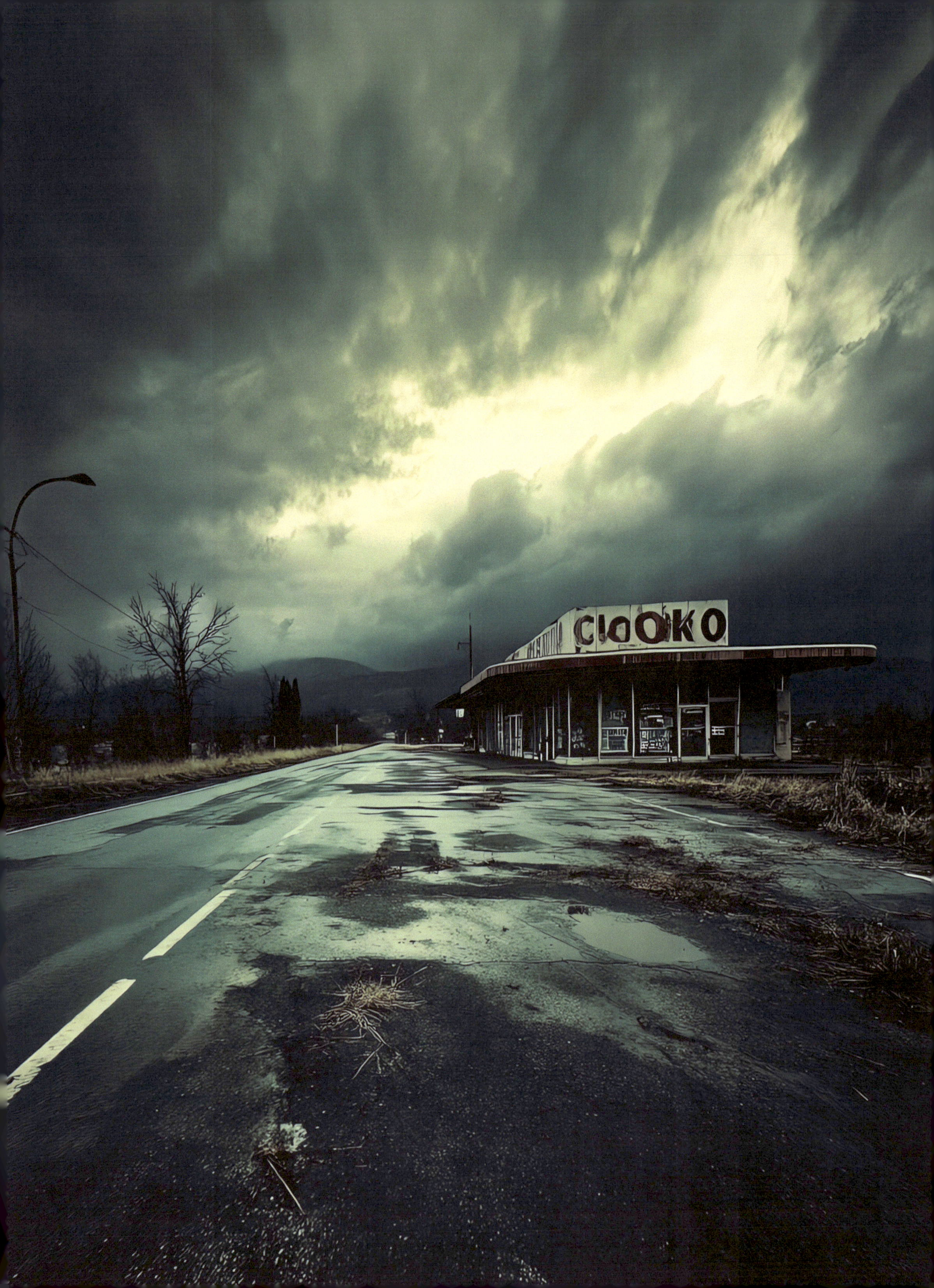
CIOOKO

www.ingramcontent.com/pod-product-compliance
Lightning Source LLC
Chambersburg PA
CBHW040420220526
45473CB00004B/1303
*9798303342507*